JN065179

明日ロト7が私を救う

宮田珠己

本の雑誌社

目次

カバーイラスト　宮田珠己
ブックデザイン　こぶたしゃ

明日ロト7が私を救う

❶話　働いてるのに食うべからず

「私がロト7に当たるまで」というと、すでに私がロト7に当たっており、いかにしてそれを当てたか解説する内容と思うかもしれないが、全然違うのである。

ロト7にはまだ当たっていない。ロト6にもミニロトにも当たっていない。つまりこのタイトルは、文字通り私がロト7に当たるまで書き続けるという、そういう心構えを意味しているだけなのだった。

ロト7とは何かというと、1から37までの数字のなかから7つの数字を選んで買うくじ（1枚300円）のことで、毎週金曜日に当選番号が発表される。1等賞金は最高6億円だが、当たりが出ないとキャリーオーバーになり、最終的に10億円まではねあがる。国内で買えるなかでも賞金がかなり高額なロトである。

一般に、宝くじを買う人間はバカだ、当たる確率をみれば金をドブに捨てているのと同じと言われるが、まったくその通りである。あんなものはどう考えても当たるはずがない。

飛行機に乗るときは、墜落の可能性は万にひとつ以下であり、何の心配もいらないと毎度自分自身を納得させている人間が、宝くじになると急に当たるかもしれないと考えはじめるのは、数学的におかしな挙動である。

しかも宝くじに当たる確率は、飛行機が墜落する確率よりもさらに低いというではないか。虫がいいにもほどがある。

一方、ロトとなると話は別である。

自分で番号を選べるタイプのくじは、理論上、同じ数字を買い続けていればいつか当たるからである。

宝くじは常に同じ数字を買い続けることができない。毎回毎回新たな勝負である。そうすると確率はずっと変わらず、当たる可能性は著しく低いままだ。

だが、同じ数字を買い続けることができるロトは、1回毎に当たる確率はあがっていく。

いや、厳密にはあがっていかないが、まったく同じ数字が2度も1等に当たる可能性はとてつもなく低いと言わざるを得ないから、そうすると次の当たりに選ばれる数字の組み合わせは、1回毎に1通りずつ減っていると考えられる。つまり私の選んだ数字は当たりに向かって1歩ずつ着実に前進しているといっても過言ではないのである。

このようにして私は、毎週着実な歩みを続けているが、目下の心配は、こんな連載を始めてしまって、実際に当たったらどうしよう、ということなのであった。

当たった途端に書くのを辞めたら、当たったことが万人に知れわたってしまう。そうなると、どこからか悪い人が現れて私を暗殺しようとするかもしれないし、そうでなくても借金の申し込みが殺到したり、怪しい金融商品を勧められて買ってしまったりするかもしれない。

という重大な懸念をこの連載の提案者である本の雑誌社の杉江氏に話すと、氏はニヤニヤして、ただ「大丈夫ですよ」とだけ言うのだった。なにが大丈夫なのか。私のためにSPでも雇ってくれるというのか。そもそも当の杉江氏本人が、当たった途端に暗殺者に豹変しないと誰に断言できよう。

そんなわけで悩みは尽きないが、いいからさっさと書け、というのが杉江氏の最終回答であった。


働かざる者食うべからず、という言葉がある。

私はそれを、毎日仕事もしないでゴロゴロしている無職の人間に差し向けられたものだとずっと信じていた。自己責任論である。

しかし何かで読んだのだが、そういう狭量な意味ではなく、株だの不動産だの、いわゆる金持ち父さん的に金融商品を転がして不労所得を得ている者に対して、何も生み出さない者が儲けるべきではないと戒める言葉だとのことで、おおいに共感した。

近年、不労所得で羽振りが良くなっている人間がちらほら見られるが、その一方でモノ造りの現場の人間が貧しい暮らしを強いられているのは、逆だろ、と言わざるを得ない。自分では何も生み出すことなく、他人が作った資産の一部をかすめ取って生きているような輩《やから》に、この言葉を投げつけてやりたい。

もちろんこのときの私は、自分のことをかわいそうなモノ造りサイドの人間に設定して、憤懣《ふんまん》やるかたないわけであるが、よくよく考えてみると、モノ造りといってもたいしたモノは作っていない気がする。

むしろ何の役にも立たないものばかり作っている徴候さえ感じられ、それで人様から金をもらっているのは、私も食うべからず側なのかもしれなかった。ゆゆしき事態といえよう。

さらにゆゆしいのは、実際問題生活が苦しいことだ。

どういうわけか、働いてるのに食うべからずな感じなのである。私の仕事の成果が正当に評価されていないのではないか。

否、私の仕事の成果が正当に評価されすぎているのではあるまいか。

このままでは人生行き詰まるのは目に見えている。何か有効な手立てを講じる必要があった。

そうして慎重なる検討の結果、ロト7が浮上してきたわけである。ロトや宝くじは、他人の生み出した資産をピンハネしていない。同じように大金を手にしたいと考える消費者同士が、パイを奪い合っているだけだから、良心の呵責《かしゃく》を感じる必要がないのだ。しかも宝くじと違って、そのうちきっと当たるという点で、資産運用に最適である。

ロト7は、ロトのなかでも最も当たる確率が低いかわりに当たるとでかく、最大10億円ものお金が手に入る。100万や1000万が当たったところでたいして人生は変わらないが、10億当たれば人生は変わる。人生を変えたいなら志は高く持つべきだろう。

というわけでロト7。次回はそのうち当たるコツを、本連載の読者に限り、ひとり5000円で伝授したい。というか誰かに伝授してもらいたい。

❷話　年間いくら買っているか

私はロト7を、毎週きまって5枚買っている。1枚300円だから1500円。月に60

00円程度。年にすると7万8000円の出費である。

酒もタバコも女もギャンブルもやってないのだから、その程度で済んでいるなら上等ではないだろうか。ロトもギャンブルだろうといわれればそうだが、馬でもボートでも、よく知らんけども年間7万8000円以上使うだろう。かつてはたまにパチンコをやっていたが、今はさっぱりやめた。さらに飲み会にもほとんど行かないし、カラオケだってしないし、ペットを飼ってもいない。清貧な生活なのである。

そんななか、ほぼ唯一といっていい年間の遊興費が7万8000円で、なおかつ大きなリターンが期待できる（潜在的可能性）となれば、安いものだといっても過言ではない。

ただ、ひとつ、遊興費として敢《あ》えて触れなかった項目があることを正直に白状しなければならない。

それは、本、だ。

本が遊興費に入るかどうかわからないが、何費にせよ、ずいぶん出費しているので、それを考えるとここまでの計算が成り立たなくなる。

かつては高い古本でも躊躇《ちゅうちょ》なく買っていた時期があって、その頃は年間100万円近く本に使っていた。今はかなり抑えているけれども、年間7万8000円などとは比較にならない額とだけは言っておく。

あ、あと旅行があった。旅行しまくっている。本だけじゃなかった。

すみません。お金いっぱい使ってました。酒タバコのほうが安いかもしれません。

それから、実をいうと、ロトにはキャリーオーバーという仕組みがあって、1等が出なかった場合、その賞金が次回に持ち越されることになっている。そこで当たると、もらえる金額は6億円を超え、最高10億円まで当たる可能性がある。そういうときは、少し買い足すことがあることも申し述べておきます。

なんだかんだ使っているではないか、というわけで、それがどのぐらいの出費か計算してみると、キャリーオーバー時に限って5枚ほど追加。そうなると1500円が上乗せ。そういう週が年に10~20週ある。仮に15週とすれば、2万2500円。つまり年間の出費は総額10万円程度かかっているかもしれない。

ああ……あと、たまには5枚じゃなくて10枚買い足すこともあるようなないような、そうなると週に15枚、その週だけで4500円も出費している可能性があるのではないかという質問に関しましては、文書が残っていないのでなんともお答えできないというか、一度に15枚もの券に会ったことはなかったと記憶しているというか、もし私や私の妻が週に15枚も買っていたということになれば、これはまさに私は間違いなくロト7を辞めるということは、これははっきりと申し上げておきたい。

ちなみにいつからそんなに買っているのか、1等じゃないにしてもこれまでに当たったことはあるのかという点について述べてみたい。

あれは私がまだロト6を買っていた頃のことだ。

ロト6は最高賞金が当時たしか2億円だった……、え？　そのロト6はいつから買ってたのかって？　んんん、覚えていないが、思い立ったときに適当に買っていた。

まあ最後まで聞きなさい。2億円当たったら、今後働かなくても生きていけるだろう。そうは思ったものの、子どもの教育費や、必要以上に長生きしてしまったときの備えなどを考えると豪勢な暮らしはできない。

今のような暮らしを続けながら働かずにつつましく生をまっとうし、どういうわけか周囲の予想に反してなかなか死ななかった場合でもあと40年以上金に困らないで暮らせる金額、それが2億円であろう。

つまり2億円当たったところで、現状維持なのである。

それは、人生2億円ぐらい当たらないと現状維持すらできないということでもある。実に心配なことである。

そんなとき、最高6億円が当たるロト7が発売されると聞いたのだった。即座に、リスクを取ってでもロト7にチャレンジするべきだという声がどこからともなく聴こえてきた。6億円あれば、働かずに、なおかつこれから40年以上死なないという緊急事態でも豪勢な暮らしができるのだから。

そうして今後はロト7に絞って、潜在的に蓄財していこうと決心したのだった。目標は大きく持つことが大事だ。

以来、それまでは毎回思いつきで番号を選んでいたのを改め、同じ番号を買い続けている。きちんと向き合うことにしたのである。いい加減な心構えでは当たるはずがないからだ。

これまでに最高どのぐらい当たったか、という点についていうと、末等の6等（3つの数字が当たり、さらにボーナス数字のうちのどれかが入っている）は何度も当たっている。当選金額は毎回異なるが900円ぐらいのときが多い。その上の5等にも年に2、3度当たった。これは4つの数字が合った場合で、当選金額は1900円程度。その上の5つの数字が合ったことも一度だけある。あのときは1万何千円かになった。

そうしてみると、年間7万8000円のうち2万円あまりは回収している。否、10万円＋

αのうち、2万円あまりは回収している。いつか10億円が当たるなら、惜しくない出費と言えるのではないか。

健康保険なども年間50万円以上払って、実際に使うのはちょっとであり、それはいつか大病や大怪我したときのために潜在的な貯蓄をしていると考えるなら、同じことである。50万円に比べれば10万円はだいぶ安い。

だらだらと長い言い訳を書いている気がしてきた。

いったい誰に言い訳しているのだろうか。これを妻の前で読んでみよ、と言われたらそれだけはほんと勘弁してもらいたい。

❸話――山分けシステムに潜む罠

先日、ロト7で不思議なことが起こった。

2等より3等のほうが賞金が高かったのである（第273回）。

2等賞金13万1500円に対し、3等賞金38万3700円。

やった2等だ！　と思ったら、そこまで当たらないほうがよかったという悲劇。

そんなことある？

いったい何でそんな事態になったのだろうか。

これはつまり山分けシステムに潜む罠なのである。

何等であれ、賞金はそれが当たった人数で割って分配される。

もともと2等3等にどれだけ賞金が割り振られているのかは知らないが、2等に当たった人数が、3等に当たった人数よりはるかに多ければ、理論上、こういう逆転現象が起こっても不思議はない。

以前、ロト6では1等賞金より2等賞金のほうが多かったこともあった。

おおお、1等当たったあああ、と色めきたったら、2等より少ない賞金って、悲しいにもほどがあるが、やはり1等に当たった人の数が多すぎるとそういうことは起こりえるのである。これがロトの怖いところだ。

ちなみにロト7では、1等は7つの数字がぴったり合致しなければならないが、そのうちひとつが違っていても、それが2つあるボーナス数字に該当していれば2等になる。ボーナス数字が入っておらず、6つ合致どまりであれば3等だ。

当選金額は、その都度変わり、ものすごくざっくり言うと、2等は100万円から100

０万円程度、3等は50万円から１００万円前後と幅がある。

その意味では、今回2等より高かった3等の金額も、他の回の3等に比べるとずいぶん少なかったということになる。

この点について少し詳しく見てみよう。

みずほ銀行のホームページで公開されているデータを見ると、このロト7第２７３回の２等当選者は３９６口。これに対し3等は１９０口。実に倍以上が2等に当選していた。

参考までにその前の回を見ると、２等当選者が８口。3等が１４７口。さらにその前は２等８口、3等88口だから、いかにこの第２７３回が異常だったかわかる。

考えてみてほしい。

第２７３回の当選番号は、

13、**15**、**21**、**23**、**26**、**32**、**34**

だった。そのうち番号がひとつだけ外れていた人のなかで、そのひとつがボーナス数字の、**05**、もしくは、**09**、だった人が2等にあたり、３９６口いた。そして、そのひとつが、**05**、**09**以外だった人が3等で、　１９０口いたわけである。

05、**09**を選んだ人　　３９６口

05、**09**以外を選んだ人　190口

なんだかとんでもないことが起こっているのがわかるだろう。

37個ある数字のなかで、**05**、**09**を選んだ人が、そのほかの数字を選んだ人の倍以上いたのだ。そんなことがあり得るだろうか。

しかしそれは実際に起こった。

どんだけ5と9が好きなんだよ、みんな。

ここまで確率的に狂っていると、何か別の理由を考えたくなるが、私の脳みそではよくわからない。

いずれにしても、この事実から、次のような結論が導き出せるだろう。

ロトでは、多くの人が選びがちな数字があり、それを選んで当選すると、当たった場合の分け前が少ない。

つまり、他の人も選びそうな番号は避けたほうがいいということだ。

これは非常に重要なポイントである。せっかく当てたにもかかわらず、数字が他の人とかぶってしまえば、今回のような悲劇が起こってしまうのだ。

ちなみにこの第273回は、1等賞金も少なかった。

1億6391万2900円。

これは第200回以降の当選金額のなかでも6番目に少ない数字である。

このときは2口当たっているから、もし1口だったら3億円を超えていた。数字が誰かとかぶるのは、非常にもったいない事態であることがわかる。

参考までにいうと、1等が過去最大にかぶったのは、第200回の4口で、このときは、賞金が6798万7600円しかなかった。もし1口だけだったら2億円を軽く超えていたから、当選者がまかり間違って100歳まで生きた場合でも人生安泰だったはずなのに、そうは問屋がおろさなかった。当たった人は実に悔しかったことだろう。まあ、当たらないよりいいけども。

次いでかぶったのは第210回の3口である。このときの1等賞金は8193万8200円で、これも1億円切りだ。ロト7で1等賞金が1億円を切ったのは、この2回だけである。

このときも、もし1口しか当たっていなければ2億円を超えていた。

やはり、他人とかぶらなそうな番号を選ぶこと、それが鉄則である。

では、何番を選び、何番を避けるべきなのか。

人がつい選んでしまう番号はいったい何番か。

最初にひらめいたのは、誕生日である。
こういうものはキャッシュカードの暗証番号などと同じで、たいてい自分にゆかりのある番号を選びがちだ。自分や家族や恋人の誕生日をつい選んでしまう人が多いのではないか。だとするなら、31番までの数字は、誰かとかぶる可能性が高い。7つの数字のうちひとつは32以上の数字を選ぶべきであろう。
ということで、私が今買っている組み合わせもすべて32以上の数字がひとつは入っているが、ここであらためて先の1等賞金が低かった、つまり他人とかぶってしまった数字の組み合わせを見てみると、
第200回　**13、14、17、21、27、28、34**
第210回　**02、04、06、11、15、19、36**
第273回　**13、15、21、23、26、32、34**
って、どれも32以上の数字が入っているではないか！
そうだったのか。今初めて知った。みんなとくに誕生日で買ってないみたいだ。では何を手掛かりに選べばいいだろうか。
少し長くなってきたが、もう少し攻略法についての話を続けたい。

❹話　追い風の数字を探せ！

ロト7を買う際に、誰かと同じ数字の並びを買ってしまうと、当たったときに賞金が減るのは、賞金山分けというシステム上仕方のないという話を前回した。当人にすれば残念すぎる事態である。したがって、番号を選ぶときは、なるべく人とかぶらない番号を選ばないといけない。

では人が選んでしまいがちな番号とは何か。われわれはどういう番号を選んで買えばいいのか。

第273回で多くの人が選んだ、**05**、**09**は避けるべきなのか。

それはわからない。

たまたまこの回だけそうだったのかもしれない。選んだのは**05**が多かったのか、**09**が多かったのか、あるいは半々ぐらいだったのかもわからない。

私は最近まで誕生日仮説というのを唱えていて、こういうものは誕生日の数字を選びがちだから、32以上の数字を必ず入れておいたほうがいいと考えていたが、それもどうやら当てにならないことがわかってきた。

さらに、人は1ケタ、10番台、20番台、30番台すべてからまんべんなく選びがちだから、偏らせるべきという説がある。

だがこれも、第210回など20番台が入っていないのに、3口も当たっているから、信憑性は高くない。大波乱だった第273回も1ケタの番号が入っていなかった。

第273回　**13**、**15**、**21**、**23**、**26**、**32**、**34**
ただ、この第273回に限って言えば、2等は、7つの数字のうち6つが合致し、残るひとつがボーナス数字の**05**か**09**、だったわけだから、396口という類のない大人数が当たった2等の人は、1ケタ、10番台、20番台、30番台すべてからまんべんなく選んでいたことになる。やはり数字を偏らせるのは、多少有効であるのかもしれない。

結局その程度のあいまいなヒントしか思い浮かばず頭を抱えているところであるが、当選番号の数字を漠然と眺めていて、ふとすごいことを発見した。

1等が2口出たおかげで賞金が1億0836万7000円とずいぶん少なかった第239回の当選数字を見てみると、
第239回　**08**、**13**、**17**、**21**、**23**、**28**、**37**

であった。

これを4口もかぶった第200回と比べてみてほしい。

第200回　**13**、**14**、**17**、**21**、**27**、**28**、**34**
なんと、**13**、**17**、**21**、**28**と4つもの数字が同じなのである。

この4数字の組み合わせはかぶる組み合わせではあるまいか。同じ1等でも、この数字を入れて買ってしまうとひとりあたりの賞金は減るのかもしれない。

ただまあ、逆に言えば、これこそが1等が当たる数字だという話でもあるので、この数字を買うか買わないかは、読者の判断に委ねることにする。

私？　私は買わない。

理由は、賞金が2億円を切ってしまうと、うかうか長生きできないからである。狙うのはあくまで2億円以上。2億円当たらないままうっかり100歳とかまで生きてしまったら大惨事である。

ただ、もし1億円だけ当たったら、80歳までは生きられるかもしれない。そう考えると、誰かとかぶってもいいから1億当たるという生きざまも検討の余地がないことはない。

そこで、かぶる数字の考察はよくわからないのであきらめ、ここからは当たる数字の考察に入りたい。

実は当たる数字には傾向がある。毎回の当選番号を見ていると、時によって追い風が吹いていると思われる数字があるのだ。

ついこのあいだまでは、**15**の風が吹いていた。

今年4月の第264回から3週にわたって1等の数字の組み合わせのなかに必ず**15**が含まれていた。さらに1週空けたのち、なんと6週連続で**15**が当たったのである。

6週連続で同じ数字が当たるなど理論上ありえないのではあるまいか。まさに**15**はラッキーナンバーだったと言える。

15は、その翌週は外れたものの、そのまた翌週でも当たっていた。それから後は3週空いたので、追い風は止《や》んだものと思われるが、こういう確率変動のようなことが起こるから、チェックを怠ってはならない。

当選番号の並びを見ていると、不思議なもので前の週に当たった7つの数字のうちのいくつかは次の週も当たることが多い。つまりこれから数字を選ぶなら、前回の当選数字のなかから、ひとつふたつ入れておくといいということになる。

では、次に追い風が吹く数字は何か。

私の読みでは、**09**、**23**が怪しい。

過去8回の当選回数を見てみると、

09　×○○×○○×○
23　○○××○○○×

と、妙に当たっている。

この原稿は第280回が終わった時点で書いているから、読者はその後の経過が確認できるはずだ。第281回以降、**09**と**23**が当たっていないか見てみてほしい。どちらかの数字がきっと入っていると思うのだ。

入っていたなら追い風が吹いているので、その入っていた番号を入れて買い、入っていなければ追い風は通り過ぎたと思って、次の風を予測してほしい。私は、**11**などもひょっとしたら来るのではないかと思っている。

私は毎回同じ組み合わせで5枚買っているが、キャリーオーバーのときは、その都度数字を選んで買い足している。次の第281回は、当てれば10億円になるだけのキャリーオーバーが発生しているので、ここは、**09**、**23**、そして**11**を組み合わせた数字で勝負するつもりだ。
ロト7はまかりまちがって100歳まで生きてしまったときのための予防措置である。死にたくはないけど、長生きも困るというのが、われわれの現実だ。当てるしかない。

❺話　ロト7の真実大発見！

先月この連載で、今**09**と**23**あるいは**11**の風が吹いていると書いたが、その後4回分の当たりを見ると、出たのは**23**が1回のみで、風は吹き止んでいた。もし私の読みを信じて買った人がいたら申し訳ない。私自身もその数字を入れて追加で購入してみたが全然当たらなかった。

そこで、新たな耳寄り情報をお教えしよう。それは**17**と**29**の発展可能性についてだ。今、**17**と**29**がきている。ともにこの1ヶ月で3回も出ており、今はそっちに風が吹いているのは明らかだ。次回はそのへんを狙って買うといい。

……ような気がする。

お、なんだ弱気じゃないか、そんなの誰でも言えるぞ、と言うなかれ。風は気づいたときには吹き止んでいることがあるから、責任がもてないのだ。

だったら、今吹いてる風ではなく、これから吹く風を教えよ、と読者は言いたいだろうが、新しい風が予測できるぐらいなら、私はもっと成功しているだろう。

ところで私は今、当選番号に関する非常に信頼性の高い重要な情報をつかんだ。あまりに大発見なのでまさかと思い、念のため過去半年の当選番号をすべて調べてみたがまちがいない。おお、なぜこんな簡単なことに今まで気づかなかったのか。

その発見とは……できればここで教えたいのだが、あまりに重大な内容なので、話したことがバレると私の身が危ないかもしれない。みずほ銀行の刺客に狙われるおそれがある。どうしても知りたいという方は、窓口で、本誌を読んだ、と言ってみてほしい。おばさんが黙ってメモを渡してくれるはずだ。念のため合言葉も決めておこう。合言葉は「宮田珠己の本」「面白い」だ。窓口で聞かれたらぜひそう答えてほしい。

え、宮田珠己の本、とくに面白くない？

合言葉だからいいの！

しょうがない。大変危険ではあるが、本誌の読者だけに私が今発見したとっておきの耳寄り情報をお教えすることにする。この情報は決して他人に漏らしてはならない。あくまで本誌の読者だけ、否、この連載の読者にだけ特別に教えるのである。

その情報とはこうだ。

奇数がいいみたいよ。

こらこら、本閉じるな。私は根拠なくこんなことを言っているわけではないぞ。いかにこれが重大な発見か説明しよう。

7つの当選数字のうち、奇数偶数のどっちが出ることが多いかざっと見てみたところ、なんと奇数が明らかに優勢だったのである。それも比較的そんな感じがするというレベルではない。もう八百長かというぐらい出やすいのだ。

数字は**37**までから選ぶので、18対19の割合で奇数のほうが出やすいということはあるのだが、その確率以上に奇数が出る。ためしにこの4月以降の結果を見ると、7つの数字のうち偶数のほうが多かったのは6回、それに対し奇数が多かったのは20回もある。さらに7つの数字のうち5つ以上が奇数だった組み合わせは11回あり、逆に5つ以上偶数だったことは1度もない。7つの数字すべてが奇数だったことも1度ある。こんなに奇数が優遇されていいのだろうか。どうみても偏り過ぎだろう。

私はロト7の真実を発見してしまったようだ。これを、攻略法として明文化すると、こういうことだ。

7つの数字に偶数は入れても入れなくてもいいが、奇数は必ず3つ以上入れよ。できれば4つか5つが望ましい。

ひょっとしてロト7愛好者なら誰でも知ってるネタだっただろうか。よくわからないが、こんなにもハッキリとした法則があったとは、びっくりである。

このようにして私のロト7攻略計画は、日々着々と前進している。お茶の間にいいニュースをお届けできる日も近いと思うが、それはそうと、最近ちょっと困っていることがあるのだった。

というのは、キャリーオーバーがやたら続いているのである。

1等がなかなか出ず、賞金がどんどん膨らんでいる。賞金が大きくなるのは結構な話だが、キャリーオーバーすると、私はついつい買い足してしまうから困るのだ。普段なら週に5枚で月6000円で済むところが、このところ毎週10枚も追加で買ってしまっている。おかげで月の出費が、最大で1万8000円まで膨らむ可能性が出てきているのである。

月に1万8000円！

わが家にそんな余裕はない！

いや、まあ、ないなら買わなければいいのだけれども、最低2億円は当たらないことには人生死ぬまでまともに生きられないので、しかたないのだ。

話はちょっと変わるが、人生といえば、先日ツイッターで、死亡日時を予測する診断ソフトがあったのでやってみた。1日の睡眠時間やら、喫煙・飲酒の程度、運動の頻度、食べ物の嗜好などを入力すると、人生の残り時間を割り出してくれるのである。正直に入力すると、私の残り時間は、なんと9年だった。

9年!

残りの人生短かっ!

もうそんなところまで死期が迫ってるのか。

あまりに想定外だったので、条件を変えて何度も診断してみたが、どう算定しても15年以上に延びることはなかった。

人生あと15年以内。

その程度なら、ロト7当たらなくても、なんとか生きていけるのではないか。なあんだ心配して損した。って、いやいや、それはそれで心配である。ロトより健康のほうをなんとかすべきかもしれない。

❻話　10億円ドリーム

5等の1500円が当たった。

ときどきこうして末等もしくは5等が当たる。今回はキャリーオーバーもあり、10枚3000円分買っていたので、今週は1500円の出費ということになる。こんな連載をしていながら何だが、ときどきアホらしい気持ちにならなくもない。

だがこの1500円は無駄ではない。そのおかげで夢を見ることができるからだ。もう一生働かなくていいという夢を。

可能性は非常に小さいが、もしかしたら2億円、キャリーオーバー中の今ならひょっとすると10億円が当たるかもしれない。そういうことを考えながら毎晩安らかに床につけるのは、ロト7の効能である。

ただ、仮に10億円当たった場合の想像上の私がそのお金で何をするかと考えてみると、働かないという以外にとくにイメージが湧いてこないのであった。

10億円もあるのだからそれを使って有意義なことをすればいいと思うのだが、あまりに非現実的な数字なため、たいした考えも浮かばない。子どもに心おきなく私立の学校にいっていいぞと宣言するのと、住宅ローンを返すぐらいだ。

かつての私は、もし大金が手に入ったら忍者屋敷のような家を建てて住むのが夢だった。そんなことをあちこちで書いた覚えもある。

一度訪ねたぐらいでは全体が把握できない迷路のような家で、秘密の階段だの天井裏の隠し部屋だの、一気に脱出できる滑り台やドンデン返しの扉といったそういう楽しい仕掛けを無数に施して、毎日冒険気分で暮らしたかった。

しかし気がつくと平凡な建売住宅を購入しており、その後夢は実現しないまま齢《よわい》を重ねてしまった。今となっては、仮に建てるにしても、先のことを考えてバリアフリーにしたほうがいい気がする。

バリアフリーの忍者屋敷。

ドンデン返しの扉は勢いよく回転すると指をはさんで危ないのでゆっくり回り、緊急脱出用のすべり台も手すりつき、天井裏の隠し部屋にいたっては介護用エレベーターであがるのである。

侵入者を出しぬける気がしない。

思えば、あれは子どもとかくれんぼして遊んだりする想定の夢だったのだ。今はその子どももだいぶ大きくなり、かくれんぼに誘っても鼻であしらわれるだけだろう。孫を待つという手もあるが、その頃には忍者介護ベッドが必要な気がする。忍者介護ベッドとはどんなベッドだろうか。一瞬でひっくり返って、おじいちゃんが消えたりするのだろうか。

そういうわけで、もはや忍者屋敷は現実的じゃなくなった。では子どもの学費と住宅ローンを払ったあとの余った9億円以上のお金をどう使おうか。

他に思いつくことといえば、

ふつうに超豪邸を建てる？

世界の高級リゾートを泊まり歩く？

……って、バブル時代の発想だ。

だがそれ以外に思いつくことがない。なんという貧困な想像力であろうか。

そういえば、そんな話を編集の杉江さんとしたことがあった。もし無尽蔵なお金があったら何をするかという話で、ふたりとも何も思いつかなかったのである。

高い金を出して買いたいものすら思いつかなかった。せいぜいiMacが欲しいとか車買い替えたいとか旅行しまくりたいとかそんなレベルで、われわれが貧しい暮らしになめらかに順応していることが判明した。

まあ本当に手に入ったら性格も考え方も変わって、ギャンブルだの女だのと浪費をはじめたり、何か微妙なビジネスを開始してみたりするのかもしれないが、そっち方面へ進むとみるみる転落していきそうだから考えないことにする。

結局10億円もいらないのかもしれない。

われわれは大金を使う能力を持っていないのである。

実際、小金を使っているときのほうが充実感を味わえる。たとえば私は、最近スーパーに買い物に行くのが楽しい。

以前はスーパーなんて食材を買うため必要にかられて仕方なく出かける場所で、用事を終えたらさっさと帰るだけだった。楽しいもへったくれもなかったのである。

それが今では、自ら買い物を買って出て、仕事場に持っていく昼食のおにぎりにまぶすふりかけを何にするか棚の前で検討しながらちょっとワクワクしたり、おお、野菜ジュースが今日は安いぞ買いだめしておこう、とかいってスーパー生活を謳歌している。

スーパーが心安らぐのは、安いものしか売っていないからではないか。その証拠にイオンモールぐらいになると、楽しいと落ち着かないが半々である。きっと高いものも売っているせいだ。そう考えると、もはや高いものを買うという行為自体ストレスになっている可能性がある。

高いものを買う＝ストレスなのだ。何を買うかにかかわらず、たとえいいものであっても、高いというだけでいやだ。

スーツがいい例だろう。

内澤旬子さんの著書『着せる女』（本の雑誌社）を読むと、男はみなスーツを買うことに強いストレスを感じていることがわかる。オシャレの喜び以上に、高いものが条件反射的にいやなのである。

海外を旅していて観光名所をめぐったあと、ホテル近くのスーパーに入ると、その途端にホッと和んでいる自分がいる。海外旅行ではスーパー訪問は必須項目になっているとさえいえる。

お、こんなもの売ってるのか、これはいったいなんだ？　って盛り上がれるだけでなく、なんだかその場の雰囲気に全面的にリラックスして、明日への活力が補充できる気がするのだ。

10億円あったら世界を旅してスーパーに寄りたい。

❼話　百閒と緊縮

先週1400円が当たり、今週は1000円当たった。

当たりまくりであるが、この2400円を換金しようと売り場に行き、ふと見るとロト7を2枚とロト6を2枚、機械で適当に数字を選んで1000円というセットを売っているのを見つけ、つい1セット買ってしまったのは、何タイプの阿呆であろうか。

しかも2400円当たったとか言ってる間にも娘の部活で履いているランニングシューズが潰れたりして、買い換えたいといわれ、仕方がないから安い4500円のシューズを買いました。安いといっても靴は高い。いったいどのぐらいの頻度で潰れるのか聞けば、だいたい2ヶ月で1足というから頭が痛いのであった。

と思ったら強化合宿にこの冬3度も出かけるらしく、そのために新しいチームジャージを買うとか、大きなスポーツバッグが必要とか、んんん、子どもを持つと養育費がかかるというのは、授業料とか塾の代金などというレベルをはるかに超えた話だということを実感している。昼には肉まん5個食べていた娘だ。

なんて嘆いているぐらいなら、毎週1500円もロト買うのやめたらどうかという声が頭の中でこだまする。

どうも愚痴っぽくなってよくない。

そんななか読んだ『なるべく働きたくない人のためのお金の話』(大原扁理著/百万年書房)に驚いた。

著者は25歳から31歳までの6年間、年収100万円以下で暮らしたというのである。それも東京都内で。なおかつ週に2日しか働かなかったというから、相当な猛者《もさ》だ。

独身だからというのはあるが、それにしたって都内(しかも僻地ではなく国分寺)で、そんな暮らしがどうすれば可能なのか。

本書によれば駅徒歩20分の安いアパート(家電付)を共益費込みで3万円以下で借り、なるべく徒歩か自転車でいける範囲内で暮らす。食べ物は質素に自炊、たまに野草を摘んできて食べたりもし、冷暖房はよほどでないと使わない。携帯もスマホも使わない。本はどうしても手元に置いておきたいもの以外図書館。でもって週に介護の仕事を2日入れ、たまに頼まれてアルバイトをすることもある。

読んでみると正直私でも独身であったらできそうである。野草はよくよく勉強してからでないと毒草を食ってしまいそうで怖いが。それにしても週に2日しか働かないなんて、なんと素敵な暮らしであろうか。そしてそこまでシンプルになればかえって自由に生きていける気もする。

一方、お金があっても苦労している人がいる。

福武文庫の内田百閒《ひやつけん》アンソロジー『新・大貧帳』を読むと、士官学校の教官をして結構な給与をもらっていながら、お金に困っている。

大きな借金があるようでもないのに毎月の支払いが滞っているのはどういうわけかというと、家族が多いということもあるが、生活のレベルを下げられないのである。

もともと百閒は岡山の商家のボンボンだから、贅沢に慣れている。士官学校へ通うのも俥屋を使う。同僚は歩くか電車を利用しているのに、自分だけ俥《くるま》に乗っていく。今でいうならタクシー通勤だ。歩くと遠くて遅刻するし、電車代を払う金はない。俥屋なら月払いだから、今現在金がなくても乗れる。ということでとりあえず乗ってしまう。つまりこれは現代でいうカード払いだ。そうして翌月その代金を払うと、またお金が足りなくなって電車賃がない。仕方ないからタクシーで行ってカード払いという悪循環。

全然同情できないが、百閒は万事この調子なのだった。

まあ昔の文士はみな似たり寄ったりかもしれないけれども、とにかく百閒がもう少し余裕をもって暮らすには、生活レベルを下げる必要があった。俥屋なんて使ってる場合ではないのである。でもなかなかそれができない。

この生活レベルを下げられるかどうかという点が、貧乏をのんきに暮らせるかどうかの鍵だろう。

実際のところ私も余計なものをいっぱい買ってしまいがちだ。スーパーに行けば、当初予定していた品目以外に、スナックなどのお菓子類をひとつふたつ籠に放り込むし、ネット書店でこれはと思った本を見つけたら即買ってしまって読んだらイマイチだったりして、本屋でちゃんと見てから買うべきだったと後悔すること山の如し。

そうやってなんでも余計に金を使ってしまうのは、独身時代に妙にお金が余って、何でも気にせず買えていたからだと思われる。

そうなのである。独身でサラリーマンだった頃はお金が余っていた。

時代はバブル真っ盛りであり、もともと酒タバコは嗜《たしな》まず、ギャンブルもたまにパチンコする程度だったから、生活費を差し引いたあとに残る可処分所得は無尽蔵だった。旅行にもお金を使ったが、会社勤めだから年に3つの大型連休に出かけるだけで、かつ行き先は物価の安いアジアばかりだったため、たいしてお金はかからなかった。

なので万単位のものでなければなんでも気軽に買っていた。同期のなかには、何か買おうとしてどっちにするか迷ったら両方買う、などとうそぶく奴もいたぐらいだ。

しかし家庭を持ったらそこは改めるべきだったのだ。内田百閒のことを笑えない。

というわけで緊縮だ、緊縮。

人生が縮こまってはいけないが、無駄なものに金を使うことはない。

ストレスなく生活レベルを下げるには何から手をつければいいか。そこでためしに家計簿をつけてみて診断しよう、というようなことは今まで何度もやって挫折している。そんなことチマチマやってる時間がもったいない。とか言って、話がいつもここで行き止まりになるのはいったい何タイプの阿呆であろうか。

❽話 — 一陽来復の数字選び

最初に第293回の当たりナンバーがすごかったので報告しておきたい。

1回前の第292回で出た7つの数字のうち、**15**、**27**、**29**、**35**の4つの数字がまた出たのである。7つのうち4つが2週連続とは偶然にもほどがあるのではないか。まさかそんな珍事が起ころうとは。

このことから出る数字の傾向について何がわかるかというと、とくに何もわからない。そういうこともあるのだということがわかった。

そういえば去年の12月号だったか、**17**と**29**が来ていると書いたら、本当にその後**29**が4週連続で来た。すばらしい洞察力の私であった。ただキャリーオーバーで買い足すとき以外は同じ数字を買っているので、読みが当たっても私にはあんまり関係ない。

では私はその数字をどうやって選んだのか、今回はその話をしてみる。

ロト7では**01**から**37**までの数字のなかから7つを選んでくじを買う。どの組み合わせが当たるかは運だけなので、数字選びで重要なのは、当たったときに他とかぶらなそうな数字を選ぶことである。他人とかぶったらそれだけもらえる当選金が減るからである。

前にも書いたが、当初私は誕生日仮説というのを考えていた。買いなれていない人が買うときは、自分にゆかりのある数字を買いがちなので、**01**～**31**は買われやすいという仮説だ。ところが実際の当選状況を見ると、**32**以上の数字を混ぜていても、複数の当選者が出ることがよくあって、あまり関係ないようだ。

そうなると手がかりはほぼない。当たるも八卦当たらぬも八卦。私は運を天の采配に任せることにした。

天といってもいろいろある。私が選んだのは早稲田にある穴八幡《あなはちまん》である。穴八幡とは、社伝によれば、1062年（康平5年）、源義家が奥州からの凱旋の途中、この地に兜と太刀を納め、八幡神を祀《まつ》ったのがはじまりとのこと（←Wikipediaからのコピペ）だが、そんなことはどうでもよく、その後いろいろあって今は商売繁盛、金運アップのご利益がある点が重要である。

とくに有名なのが穴八幡だけで売っている一陽来復というお守りだ。一陽来復とは易経《えききょう》においで陰が極まって陽に転ずることをいい、暦でいえば冬至にあたる。なのでお正月ではなく冬至から翌年のお守りを売り出していて、このお守りを買い、その年の恵方に向けて貼っておくと、大いなる金運が見込めると言われているのだ。

もちろん信じてない。信じてないけれども、こういうものは信じるふりが大切だ。信じるふりによって運気があがったようなポジティブな気持ちになり、その結果どういうわけか本当に願いがかなうことがあるからである。これを運気のプラシーボ効果と呼びたい。

私はロト7の数字を決めるに当たり、この一陽来復お守りにすがることにした。

やり方はこうだ。

まずトランプを37枚用意する。本当は筮竹《ぜいちく》がいいと思うが、ないのでトランプで代用。で
この37枚をロトの数字に該当させる。

どれでもいいが、たとえばダイヤの1〜10を1ケタの数字とみなし、スペードの1〜10を11〜20に、ハートの1〜10を21〜30、クラブの1〜7を31〜37とみなす。

で、壁に貼った一陽来復のお守りに向かい、心の中でロト7について、これがいかに私の人生にとって重要であるかを説いて聞かせ、当たる数字を教えてくれるようお願いする。そうしてもし1億円以上の当選金が入った暁《あかつき》には、必ずや万単位のお礼参りをする旨約束してから、この37枚のカードを繰る。

繰り方にも決まりがある。

ロト7であるから、7回繰る。一途に念じながら7回繰ったら一番上に来たカードを取り除《の》け、さらに7回繰って一番上を取り除け、とこれを7回繰り返す。そうして7つの数字が選ばれる。

が、これで終わりではない。この7つの数字選びを何度も繰り返すのである。

そろそろ読者も私のことを阿呆だと思いはじめているであろう。その通り。阿呆なのである。だがいかに阿呆と言われようとも当たってしまえば人生の安泰が約束されるのだ。ひと

目を気にしていては大きなことは成し遂げられない。

さてこの7つの数字選びを何度も繰り返しながら、出た数字を記録していく。一度選ばれたからといってその数字が本番で出るとは限らない。それはたまたま出たトラップかもしれないからだ。

何度も繰り返すのは万全を期すためで、そのことにより、なぜかよく出る数字というのが浮かび上がってくる。そうして最終的にその数字が7回選ばれた時点で、それが本物と認定するのである。そうやって数字を7つすべて認定したら終了だ。

7回繰ることを7回繰り返し、同じ数字が7回出るまでやる。このぐらい7が濃ければ、ロト7に効くはずである。

こうして7にゆかりのある凝縮された数字が7つ選ばれた。ここまでくれば、疑り深い読者も私がかなり1等に肉薄しつつあることを認めざるを得ないであろう。

だがここで安心してはいけない。選ばれし数字のうちに、奇数より偶数が多くないか（理由は第5話参照）、そして選んだ7つの数字が過去に1等に当たっていないか最後のチェックが必要だ。偶数が多い場合や過去に当たっていた場合は、最初からやり直す。そうしてようやく買うべき7つの厳粛な数字が確定されるのである。

私は週に5枚買っているので、以上を5回やって、5パターン選び出した。7パターン買うと出費がかさむのでそこは我慢だ。

ああ、わかっている。阿呆とでもヒマ人とでも言わば言え。数字選びに半日かかった。計算上は時給5000万円ぐらいの作業である。

❾話 ── 石ころ大躍進

今年も穴八幡に行ってきた。

金運アップが見込める穴八幡の一陽来復札は、大晦日か節分の日の夜にしかるべき方角に向けて部屋の壁に貼らなければならない。ここ数年初詣を兼ねてこのお札を手に入れ、節分の夜に貼るのが恒例になっている。

昨年はたまたま節分の夜に出張があり、正しいタイミングで壁に貼ることができなかった。そのためお札はあきらめ財布に入れるタイプのお守りを買わざるを得なかった。

おかげで杉江さんに、ちゃんと一陽来復のお札を買わなかったから収入が伸びないんですよとたしなめられる私であったが、たしかにお札とお守りではその効果に雲泥の差があるような気がする。一陽来復お札は800円で、お守りは300円（ともに2019年時点の値段）。高価なほうが効くわけではないとはいえ、財布に入れておくだけのお守りでは雰囲気が出ないものだ。

しかし節分に部屋にいられなかったんだからしょうがないのである。お札を貼る時刻は厳密に深夜0時と決められている。取材のためその瞬間に家にいない以上、貼ることは不可能だった。

「そんなの奥さんに頼めばよかったじゃないですか」

杉江さんは言う。しかし私の妻がそんなものを壁に貼ると思ったら大間違いなのである。

何、お札？　ハッ。

と鼻で笑われて終わりだ。

昔から私が雑誌の占いを読んで一喜一憂したり、大阪の石切神社参道で四柱推命で運命を鑑定してもらって「50代から60代にかけて地獄の7年があるらしい」「でも70代はウハウハらしい」などとブツブツ言っていると、いかにも馬鹿にした、いやそれどころか、こんな夫で恥ずかしい、本当に勘弁してほしいぐらいの冷ややかな目つきで、私を見下してきた女である。

「だいたい占いとかお札に頼ってる時点でその人の人生は負け」

というのが妻の持論だ。

ええい、うるさいうるさい。べつに頼ってるわけではないが、なんとなく気になるのが占いってもんではないか。

読者には一見、妻のほうが理性的に見えるかもしれない。でも私はそうは思っていない。それは本当に全力でチャレンジしたことのない人の発想である。

何かに全力でぶつかるとき、やれることはすべてやったにもかかわらず結果はどうなるかわからないのが人生というもの。そのような「人事を尽くして天命を待つ」状況にある場合、もはややれることは神頼みしか残っていないのである。やれることはすべてやったあとの最後の一押しが神頼みであり、心平らかにして神仏に祈るとき、そこには科学的には解明できない何らかの恩寵《おんちょう》が降り注ぐことがあるのだ。

んな、アホな。と思ったものは悔い改めるがいい。そう思うのは人事を尽くして天命を待つほかない状況を知らないからである。

では何か、お前は天命を待つしかないほど人事を尽くしたのか、といえば、それはもう7つの数字を選ぶのにどれだけ手間をかけたか前話を読んでもらえば理解いただけるであろう。

そんなわけで妻の無理解により、去年は一陽来復のお札を部屋に貼ることができなかった。実に残念なことであった。

でも今年は大丈夫。大丈夫どころかお札を入手し節分を待っている間にも、早くも新連載の打診があったぐらいだ。効果覿面《てきめん》である。

聞けばG出版社のSさんも穴八幡のお札を貼ってから編集する本がヒットしまくっているという。否。「という」なんて薄い噂話のレベルではない。今や日本でその人の名を知らない人はいないぐらい売れまくっている。さらにSさんの他の担当作家も爆売れで、穴八幡効果絶大なのであった。

唯一疑問なのは、同じSさんに編集してもらっている私の本がとくに爆売れしていないことだが、それこそ杉江さんの言う通り、去年お札を貼らなかった影響が大きく現れているといえるだろう。妻のせいである。

そんなわけで今年の節分は自らしかるべき方角に向けてきっちりお札を貼った。2019年の大躍進は約束されたも同然だ。

とか言っていると、早くもツイッターでちょっとした事件があった。

私が数年前に出した石ころ拾いの本について誰かがツイートしてくれ、それが大噴火的にバズったのである。なんと現時点で約9000リツイート、4万3000いいね！　がついている。まさに大噴火バズ！

といっても理由はその人がいっしょに載せてる石ころ写真がとても綺麗だったからで、私の本のおかげではないのだが、それでも『いい感じの石ころを拾いに』（中公文庫）という本のタイトルを4万3000人以上が見たのである。ツイ主と穴八幡には感謝しかない。

さっそく「#いい感じの石ころを拾いに」のハッシュタグを立ち上げたところ、いろんな人が自分の拾った石ころの写真をアップしはじめ、これまた盛り上がっている。今までニッチすぎる趣味とさんざん言われてきたが、同じ嗜好を持つ人が実はたくさんいたことが判明したのである。これもまた穴八幡効果かもしれない。

だがここで一番重要な問題は、その人たちが私の本をこぞって買い、増刷に次ぐ増刷でわが生活に潤いを与えてくれるかどうかという点だが、そのような顕著な動きは今のところみられない。穴八幡も金運アップの神様である以上、売れるまでが責任、家に帰るまでが遠足であるから、その点はしっかり最後まで全うしてもらいたい。

それにしても石の画像で、4万3000いいね！　って、今年は石ころブームが来るのではないか。いや、もう来ていたのだ。そうじゃないかと思ったのである。

⑩話　未来の断捨離

私事であるが『ニッポン47都道府県正直観光案内』が増刷になった。本の雑誌社のみなさまには感謝してもしきれないほどであり、著者としても引き続きさらなる栄光への道を模索していく所存であるが、それにつけても、おそるべきは穴八幡の霊験《れいげん》なのだった。前々回から穴八幡の話ばかりしているが、こうしてさまざまな効果があらわれている。

実はロト7のほうでも動きがあったのである。7つの数字のうち5つが見事的中したのだ。

7分の5が的中ってそうそうないぞ。

穴八幡すごいのではないか。

当選金いくらだ。1等が億単位だから30万円ぐらいにはなるのではないか。とワクワクしながら確認したら、9100円とのこと。

9100円?

91万円の間違いでは?　いやせめて9万1000円とか?

しかし何度見ても9100円であった。おかしいだろ、7つのうち5つも当たったんだぞ。

当選金の配分がおかしい。

ロトは1等以外はショボいのであった。

だがまあ、まだ3月であり、今後さらなる穴八幡スペクタクルが待ち構えていることに期待したい。

7つのうち5つが当たったら当面その組み合わせが出ることはなさそうという判断で、とりあえず当たった組み合わせを外し、今後買うかわりの数字を厳粛に選んだ。数字の選別方法はすでに紹介したとおりだ。

そんなわけで徐々に可能性を感じさせつつあるわがロト生活だけれども、万が一当たらなくても人生は続く。その準備も並行して進めておかなければならない。穴八幡のお札を貼っただけで人生安泰と考えるほど私も阿呆ではない。

世のフリーライターや作家はどうやって生計を成り立たせているのだろう。これが実に謎だ。計算上、ちょっと売れたぐらいでは生きていけないと思うのだ。莫大な遺産があるとか、配偶者に十分な収入があるとか、副業で儲けているとか、そういう幸運なしにどうやりくりしているのか。

きっと作家だけでなく、画家や俳優や芸人、音楽関係の人なんかも状況は似たようなものだろう。好きなことで食べていくのは大変なのだ。

わが家も子どもが高校や大学への進学を控え、家計はいよいよ厳しくなってきた。とりあえず現実的な手立てとして、生活をコンパクトにし、収入が少なくても生きていける暮らしに修正していく必要がある。

そのためには、まずは断捨離だ。

そうでなくても部屋が散らかっているので、この機会に一気にシンプルな環境を手に入れようと考えた。散らかった部屋は実にうんざりする。

ちなみに整理整頓された部屋よりも、散らかってる部屋のほうがクリエイティブだとかいう声をたまに聞くが、あれは考え方が雑だ。厳密には、クリエイティブな散らかり方と、そうでない散らかり方があるのである。

私が思うにクリエイティブな散らかり方には次のような特徴がある。

○珍しいオモチャや民芸品や鉱物、絵画など趣味の品でごちゃごちゃしている
○目に付くところに多様な本が見える
○ホコリは多少溜まっていても食べ物のカスは落ちていない

○ゴミ箱がある
○本はおおむねちゃんと立てて並べられている
つまりただ散らかっているのではなく、面白いものがたくさんあって、収納に収まりきれていない状態だ。

一方、クリエイティブでない散らかり方はこんな感じだ。

●床に書類が落ちている
●食べ物（の袋など）や空き缶もいっしょに転がっている
●ゴミ箱が見当たらない。もしくはあっても自治体指定の燃えるゴミ専用袋
●正体不明の匂いがする
●体がかゆい
●本が横向きに積んである
つまり汚部屋《おべや》である。

この2つを混同し、自分の部屋が散らかっているのは自分がクリエイティブな人間だからだ、などと勘違いしてはならない。怠け者とクリエイターは見た目や環境が紙一重なので判別が難しいのだ。

そうして私の部屋はといえば、おおむねクリエイティブ方面の散らかり具合だと自負しているのだが、実はそうとも言い切れない。

●本が横向きに積んである

からだ。本棚に入りきらなかったたくさんの本がダンボールに入っている。

これは横積みと同じことで、下の本を取るのは一苦労であり、結果的にほとんど見返されることのない状態の本がたくさん生まれてしまっている。下のほうにある本の存在意義はほぼ無に等しい。立ててあっても見ない本は見ないが、見ようと思えばすぐ見られることが重要だ。

部屋にたくさん本があると、なんとなく知識が増進したような気持ちになるが、開かない本をいくら持っていても想像力は羽ばたかないのである。

というわけでダンボール入りの本は処分するか電子化してしまうことにした。滅多に読まない資料本も電子でいいだろう。むしろダンボールの中から探すより簡単に呼び出せて便利ではないか。

そこですべての蔵書を、古本屋に売る本と、電子化する本、手元に残す本の3つに分類していくことに決め、一冊一冊手にとってトリアージしていったのだが、そうして選別しているうちに私はある重大なことに気づいてしまった。それは、これをいつか全部読むなんて悠長なことを言ってる時間は自分にはもうないという現実だ。本の断捨離は、自分の未来の断捨離なのだった。

⓫話　心太式断捨離作戦

子どもの教育費捻出のため、仕事場のワンルームマンションを解約しようと考えている。けれど、蔵書を減らさない限り解約は不可能なこともわかっている。仕事場にある本すべてが自宅に入りきるはずがないからだ。

そこで仕事場と自宅にある本を、売るもの、電子化するもの、残すものに分類しようと思うのだが、ネットに気になることが書いてあった。

『本で床は抜けるのか』（中公文庫）の著者西牟田《にしむた》靖さんのコラム「その後の『本で床は抜けるのか』」によると、千数百冊の本を電子化したものの、電子化後それらをまったく読んでないというのである。読んでないどころか、西牟田さんはタブレットまで手放したらしい。

電子化、意味ないやん。

つまり電子化した本は捨てたも同然ということだ。

売ったならまだお金が残る。しかし電子化にはお金を払うのだ。お金を払って本が死蔵では大損である。

ここは一度売り払って、後に必要になったら古本で買う方法が一番いいのではないか。電子化のために10万円以上の金をつぎ込むのはもったいないのではあるまいか。

一方で、今後その本が必ず手に入るかはわからないし、これまでに買いためてきた本への愛おしさも無視できない。

内澤旬子さんは、本を売り払ったらその後反動がきてドカドカ買ってしまったとか言ってた気がする。

本は魔物だ。

減らしても増えるし、売ったら二度と手に入らない可能性もある。所詮は勝ち目のない戦いなのだ。やはりここは電子化にしよう。

そう決めて仕事場の本をざっと見渡してみた。

困ったことに、できれば手元にとっておきたい本ばかりであった。電子化さえもしたくない。でもそうしないことには家賃が発生し続け、教育費が捻出できない。

そこでなるべく本を残すため、自宅に本のスペースを増やすことを考えた。本以外のものを減らし、さらに本置き場をつくるのだ。

といっても現時点で自室本棚に入りきらない本が大小のダンボール7箱ぐらい床に置かれてある。本を収めたい部屋がすでに本でいっぱいなのである。まずこれをどこかに収納しないことには話にならない。

実はこのダンボールが難儀であって、そのせいで部屋のドアも十分に開かず、たった5歩ぐらい先のクローゼットにたどりつくにも何度も体をひねったり大きく跨《また》いだり面倒くさい動作をしないとならない。よくスパイ映画などでレーザートラップが張りめぐらされた部屋を屈《かが》んだり跨いだりして突破する場面があるが、あんな感じ。

私は毎日風呂に入る前に、部屋の奥にあるクローゼットまでトム・クルーズばりに侵入して、自分のシャツとパンツを盗み出しているのであった。

まずはこの状況を改善する。

第一段階として、本を収納する場所を捻出するため、衣類を整理することにした。

衣装ケースに入りきらない衣類が一部本棚の上に山積みになっている。仮にその本棚の上が空けば、床にあるダンボールをそこに載せられるだろう。だが、その山積みの衣装を衣装ケースに収納するには、満杯の衣装ケースの中身を減らさねばならない。

本をなんとかするために、山積みの衣装をなんとかする。そのために衣装ケースをなんとかするという、心太《ところてん》方式というか風が吹けば桶屋が儲かる式というか、とにかく源流から部屋を整理していく。

そう決めて、私はまず衣装ケースの整理にとりかかった。

今流行のこんまり流に従い、Tシャツを衣装ケースから取り出し、1枚1枚ときめくかどうか胸に当てて考えた。

ばっさり捨てたいが、なかには、今後絶対に着ないけれども捨てられないTシャツもあって、たとえば学生時代部活のメンバーで揃えた、背中に大学名が描かれた陸上部のTシャツは捨てられない。あとやはり当時のユニフォームなんかも捨てられない。

アメリカでジェットコースター巡りをしたときに買ったTシャツは、著名なジェットコースターのプリントが入っていてかっこよく、これもときめく。ときめくのはいいけれど、6枚もあるのが難。

さらにもう30年も前にタイで買ったTシャツ。なんとなく買ったのだが、これが何度着ても破れたりほつれたりせず、色あせることさえなく、そのまんま30年もったという奇跡的なTシャツである。大切に保存していたわけでもない。薄地なので、夏には毎年着ていたし、南の国にいくときは持っていく。それなのにそんな長持ちするTシャツがあるだろうか。奇跡ではあるまいか。私は今、オーパーツを目にしているのではないか。

このTシャツは捨てられない。べつにときめかないけど、捨ててはいけない気がする。捨てるときっと運が逃げる。穴八幡のお札とともに祀るか、今度これを着てロト7を買いにいくべきかもしれない。

とか言ってると全然整理が進まないので、先へ進もう。

よくよくチェックしていくと、片方だけの靴下だの、首がよれよれになったセーターだの、妙に若々しくて着られないカーディガンだの、いらないものも多く発見され、それなりに片付いていった。さらに衣装ケースの位置を変えることで新しい空間が生まれ、そこにかばんを収納すると、クローゼットは見違えるような広さとなった。

作戦は順調だ。

ただ、ふと見ると、衣装ケースのそばに、見覚えのないダンボール箱がある。

なんだこのダンボールは？

開けてみると、中には意外なものがどっさり詰まっていた。

⓬話 〝なんもしない人〟にあこがれる！

断捨離中に、何が入っているのかわからない中ぐらいの大きさのダンボールを2つ発見した。なんか面倒くさい予感がし、開けてみると中は脳だった。正確にいうと、ケーブルがぎっしり詰まって固まり、ニューロンネットワークみたいになっていた。

ああ、こんなものもあったか。

今どきは何か電化製品を買うと、たとえスマホのような小さなものであっても、必ずケーブルがついてくる。ひとつは電源コードだが、それ以外にたいていひとつかふたつ、さしあたって用のないケーブルもついてくる。ものによっては正体不明のケーブルが数種類入っていることもある。

ひょっとしたら使うのかもしれないととっておくと、また別の家電がやってきてそれにもケーブルがついている。もうひとつ他の家電を買うと、そこにもついている。

さらには家電じゃないものにもたまにケーブルがついてたりして、次から次へと押しよせるケーブルの群れ。面倒になって片っ端からダンボールに放り込むうち、どれがどの家電の付属品だかわからなくなったら敵の思う壺だ。そこからケーブル同士で樹状突起を伸ばして繋がりはじめるまであと一歩である。ＡＩはこうやって生まれたのではないか。

『サピエンス全史』（ユヴァル・ノア・ハラリ著／河出書房新社）だったか、小麦が人間を家畜のように利用して勢力を拡大したというようなことが書いてあった。ケーブルも人間を利用して勢力拡大している可能性がある。

全然ときめかないので箱ごと捨てようと思ったものの、どれも新品同様でなんとなくもったいなく、こういうものは捨てた途端に、ああ、今あのケーブルがあれば！　という残念な事態が起こるのが通例なので、そのままそっとダンボールを閉じた。

そういうわけで断捨離はなかなか進まない。本の整理もちっとも進まない。一度決めたことは即実行すべし、とは思うものの、本は売りたくないし電子化もイヤだ、とかウダウダ言ってる間に平成が終わってしまった。平成とは、ケーブルが集まってＡＩに進化しはじめた時代だったといえよう。

んんん、どうにも断捨離やる気がしない。

本当は心の中で仕事部屋を解約することを嫌がっているからだろう。経費節減のために解約を決めたのに、居心地のいい仕事部屋が惜しくて、なかなかドライブがかからない自分がいる。

もともと生活防衛のための撤退戦であり、気持ちが乗らなかったことに加えて、ＮＨＫの「ドキュメント72時間」という番組で「レンタルなんもしない人」という特集をやると知り、そのネーミングに感化されたこともある。

なんもしない人？　おれだおれだ、おれこそまさになんもしたくないぞ。

しかし「レンタルなんもしない人」のレンタルとはどういうことだろうか。「なんもしない自分」を貸し出してどうするというのか。一瞬何のことやらわからなかった。

番組には本人が出てきて、大学院を出て就職したけど続かず、何もしたくないと思ったから何もしないことにした、みたいなことを言いはじめたので、思わず見入る。

何もしないで生きていく？

なんだそりゃ？

しかもレンタルされて出かけていき、もらうのは交通費だけというからますますわからない。何を好き好んでタダ働きするか、お金もらえよ、と思ったが、考えてみたらタダ働きでもない。なんもしないのだから。

令和時代に向けて、何やら得体の知れない動きが起こっている気配がする。

なんもしない人には妻と生まれたばかりの子どもがいて、子どもを見ていたら、もうこれ以上欲しいものはないと感じたという。その気持ちはわかる。私もそれまでちっとも興味なかったくせに子どもができた途端、これ以上の喜びはないと思ったものだ。

でもそれなら、子どものために働こうとならないところがこの人の妙なところである。生活費はどうしているのかといえば、貯金を切り崩しているというのだ。

私もこれまでさんざん怠け者キャラを標榜《ひょうぼう》してきたが、ここまでじゃなかった。怠けたいけどお金は欲しいのが平成の私であった。だがこの人は、働くぐらいなら収入がないほうがいいらしい。

んんん、そんなんでいいのか。

あ、断っておくが、この「そんなんでいいのか」は批難ではない。むしろ肩の荷が下りた、だったら私もそうしたいという意味の「そんなんでいいのか」だ。なあんだ、人生べつに働かなくてよかったのだ。生活費を考えるから節約しなければと思うのであって、生活費なんて考えなければ私の仕事部屋も解約の必要がない……って、いやいや、どんな理屈だよ。

ひょっとしてロトか、君もロトなのか。

だが番組は生活費問題に深入りする様子はなく、レンタルした側の人たちの気持ちや個別の事情をすくいとる方向へ展開していった。なんかいい話方面にもっていこうとする狙いも見えて消化不良である。そんなことより本人の了見が知りたい。その開き直りの背景。あるいは人生戦略について知りたいぞ。

調べたらこの人は本を出していたので、さっそく書店で、『レンタルなんもしない人のなんもしなかった話』（レンタルなんもしない人著／晶文社）を買ってきた。

奥付を見ると、驚くべきことに発売5日で増刷している。なんもしないのに増刷だ！　ずるいぞ、だったら私も何もしなければよかった。

なんて感想はともかく、何かしなければ生活費が入らないと思ってこれまで生きてきたのは間違いだったのか。令和になるとみんなますます収入は減る一方だし年金ももらえなくなりそうなので、結果としてわれわれは生活費なしで生きられる生き物へと進化するのかもしれない。この本、果たしてどんな内容なのか。

⓭話——〝なんもしない人〟が未来を拓く!?

『レンタルなんもしない人のなんもしなかった話』を読む。「ドキュメント72時間」で観たときも驚きだったが、なんもしないのにひっきりなしに依頼があるからふしぎだ。

以前『なるべく働きたくない人のためのお金の話』(大原扁理著/百万年書房)を読んだときは、東京都内で年100万円で暮らす話だったから、そんなこと簡単にできるのかという疑問はあっても、著者が何をしようとしているのかについては問題なく理解できた。

だがこのなんもしない人はいったい何をしようとしているのか。レンタルしても交通費しかもらわないのだから、収入があって支出があって、という経済の文脈から外れている。

読んでいるとこう書いてあった。

《人間はとくに何もせずに生きていけるのか?(存在そのものに、生きていけるほどの価値はあるのか?)という問いを身をもって検証しようとしてるのが僕の今の活動という感じ

です。》
深遠なのであった。深遠ではあるが、深刻な感じはしない。ただひょうひょうとなんもしないだけだ。
《「貯金がある」「家族が応援してる」といった条件をつけて「良し」とされることが多いので、あえて言いたいのですが、貯金がなく、家族が反対してても別にいいじゃないかという気持ちもあります。》
うんうん。他人の批難は放っておいていいと思うが、それでも生活は心配だ。最終的にどうなるのか。このままずっとなんもしないままでは生活費が足りなくなるだろう。するとそれについての説明があった。
《人類の営みをすべて「飯の種」と捉えなければ気が済まない思考回路っぽい人には「自分はライター業をやっていて、今は取材に集中している段階と言える。交通費や諸経費の負担なしにいろんな経験ができるんだから、取材のやり方としてうまいでしょ」みたいに説明してます。》
別のところにも、こうある。
《税務署への届け出は「文筆業」。》

《職務質問されたら「ライターをやっていて今は取材中です」と答えるつもりです。》なんだ、同業者じゃないか。一見、ライターのふりをしているかのような表現だが、実際に本が出て、しかも増刷までしているのだからライターである。たしかにその面では、うまいやり方だ。

けれどそんな分類は経済活動の側面から見ての話で、むしろ経済の外に出てみることがこの話の肝だとすれば、日々の暮らしで四苦八苦している自分のような者からは、真の姿は捉えられないのかもしれない。二次元の生き物に三次元の世界は想像もできないように。お金によるのでもなく能力によるのでもなく、人に寄り添うだけで人生が回っていく。そんなファンタジー世界が存在していてほしいというわれわれ一般庶民の夢を、この人は体現しているのだ。

風船を持ってむこうを向いてしゃがんでいるなんだかわからない帯の写真（本文を読むとわかる）の脱力具合がいい。ものすごいなんもしてない感。それと本文中にでてきた次のような文章もよかった。

《この活動が親に伝わり、妻を通して「失望している」との連絡があった。》

「失望している」との連絡……なんとキュートな表現であろうか。私はこの一文に、ライターとしての素養を見た。

最近書店にいくと、このような働かない系の本がよく目にとまり、人生の参考にするためつい読んでみたくなる。もう一冊読んだのが、本の雑誌の杉江さんにも薦められた『しょぼい喫茶店の本』(池田達也著/百万年書房)。

冒頭からいきなり《僕は働きたくなかった。》とあって共感する。

私もサラリーマンだった頃、働きたくなかった。けれどそこですぐに辞めなかったのは、辞めた場合と辞めなかった場合のメリットデメリットを比較して、辞めると圧倒的に不利という結論が出たからだ。当たり前である。

もちろんこのメリットデメリットは、お金の問題だけでなくメンタルの問題も含めての計算だったが、それでも不利とみた。一時的に浮上しても、困窮するとメンタルはさらにやられるという判断だった。普通の考えだと思う(最終的には辞めたので、さらに別の判断が働いたわけだが、ここでは割愛する)。

しかしこの著者は、それ以上に今現在とにかく無理ということだったのだろう。

《働いている間ずっとスイッチを入れ続けている、あの感じが本当に無理だった。》

というほどだ。そこまで?

私は嫌いな仕事じゃなければ、そんなことは気にならない。つまり働くのがイヤなのではなく、その当時の仕事がイヤだっただけなのだ。事実別の職場に異動してからは、それなりに面白くなっていった。

この著者も働きたくはないものの、レンタルなんもしない人ほど開きなおっているわけではなく、どうやって収入を得るか模索している。そこから喫茶店を開いていく過程と、好スタートをきったのに途中から店を開けるのをサボって、どんどん売り上げが減っていく顛末が書かれていたりする。ほんとに働きたくないことがよくわかる。

だが喫茶店経営自体は嫌いじゃないようで、そこから先きちんと店を開くようになって、結局はふつうの自分探し的展開に落ち着く。レンタルなんもしない人よりこっちのほうが参考にはなるけれど、既成概念を揺さぶる異次元の話ではなかった。

その意味で、攻めているのはレンタルなんもしない人のほうだ。

生活費なんか考えないで生きていけるのかどうか。いわゆる物乞いですらない。著者の動向に、そのうち年金ももらえなくなりそうな日本の未来がかかっている（ような気がする）。

ちなみに私のロトは、計画通りにいけばそろそろ当たる予定だ。

⑭話　論理と運の両面作戦

老後の年金はひとりあたり2000万足りないそうだ。

しかしそれはあくまで定年まで会社勤めを全うしたサラリーマンの平均的な値であり、私のようにフリーランスで国民年金しか払ってこなかった者の場合は、2億円必要である。なんでそんな跳ね上がるんだよ、と思うかもしれないが、仮に夫婦でこのあと40年ぐらい生きてしまい、その間子どもの学費とか結婚費用とか、大病したときの入院費とか、さらにたまには旅行に行ったり、アクセルとブレーキ踏み間違えて暴走しないようこれから登場するだろう自動運転車を購入したり、もうすぐ必ず起こる大地震によって壊れた家を建て直したりするとなると、そのぐらいはいるはずだ。

そんなわけでここのところ本の感想ばかり書いてあまり触れていなかったロト7の近況に話を戻したい。

私のロト7はここ数ヶ月こう着状態だ。なかなか2億円が当たらず心折れそうになるけども、ロトのほうも力を溜めているのだろう。

目下の注目ナンバーは34だ。

34の風がそよそよと吹いている。強い風ではないが、その他にいい風の吹いているナンバーがとくに見当たらない。と思っていたら今回すごい数字の組み合わせが出た。

第324回　09、13、16、17、18、19、20

驚異の並びである。16から20まで5連続。こんな組み合わせになるのはよほどの確率ではないか。

まあどんな組み合わせだろうがよほどの確率なわけだが、それにしても5つも並んだのはすごい。実際誰も買っていなかったようでキャリーオーバーとなった。

この並びが出る確率と自分の選んでいる数字列が当たる確率がまったく同じと思うと萎えるけれども、こんなのが出るなら私の組み合わせだっていつか出るだろうとポジティブに考えることも可能だ。

とはいえ正直なところ、近々に当たる気がしないので、バックアップとしてロト6も少し買い足してみることにした。

ロト6はロト7より若干当たりやすい。01から43までの数字のなかから6つを選んでベットする。1等賞金は最高2億円。キャリーオーバーの場合6億円まで跳ね上がる。

私の目標は2億円なので、これでも十分に将来プランに組み込むことができる。

ロト7のときは穴八幡の霊験におすがりし、厳密なる手順によって7つの数字を選んだ。さらに毎週の動向を逐一チェックし、どの数字に風が吹いているかを予測して、キャリーオーバーが溜まってきたときにはそれを参考に買い足したりしていたが、ロト6のほうはまったく違うやり方でやってみようと思う。

それはノープランで運を天に任せる方法。

つまりクイックピックで買うのである。

クイックピックとは、売り場のほうでランダムに発生させた数列を購入するもので、どんな風が吹いていようと一切無視。それどころか買ってから数字を確認もせず、自分が何の数字を持っているのかも知らないまま当選番号の発表にのぞむという無為自然な姿勢でいこうと思う。

それを毎回1枚だけ買う。ロト6は週2回抽選なので、1回1枚200円として週400円、月にすると1600円だ。

なんという堅実な投資であろうか。ロト7は論理的に選び、かたやロト6は運に任せる。この論理と運の両面作戦を決行することで、どっちに転んでも対応できるのだ。将来への備えはより充実したものになった。

手厚い。手厚すぎるぐらいだ。

というようなことを日々考えて暮らしていたところ、気づけばＳＮＳに投資や副業の広告が入ってくるようになった。

それによると、初心者で始めた副業が1週間で7万円の収入があったとか、１ヶ月後には30万円とか、半年後に月収１００万円！　会社を辞めて海外に住んでますとか、しまいには月収１０００万超えもあるとか年収数億とか景気のいい話ばかりで、いかにも怪しい。何を売ってそんなに儲かるのか知りたいのでクリックしてみると、多いのが転売で、家電量販店やブックオフやメルカリなどで安く商品を仕入れてネットで高く売るらしい。それで本当にそんな月収に？　そのためにはものすごい数をさばかないと無理では？　月収１００万とか非現実的に思えるが、本人が出てきて方法を得意げに解説する動画まであって、なんだ転売ヤーかよ、と思いながらついつい詳しく聞き入ってしまった。

ほかにもアフィリエイトでもいまだ儲かるとか、セミナーやって情報商材を売るなどなど。情報商材ってなんの情報だよと思えば、儲ける方法を教える商材なのだそうで、それを買った人はまたそれを売って儲けるのらしい。

教わった親亀はそれを子亀に教えて儲ける。子亀はそれを孫亀に教えて儲ける。子亀の上に孫亀。孫亀の上にひ孫亀。青巻紙赤巻紙黄巻紙。ってネズミ講ではないのか。

これらを信用していいのかどうか判断する材料を私は持たないが、その種の広告や動画が決まって言っていることがある。

それはとにかく自分を信じて毎日続けよという点だ。

しばらくはまったく成果が出ず心折れそうになるけれど、そこでやめてはいけない。ひたすら続けていれば、あるとき突然跳ねるのだと。そしてそこからは一気にうなぎのぼりに儲かるのだと。

信じて話に乗ったのに全然儲からないじゃないか、というクレームを封じるための逃げ口上かとも思えたが、ふと、感じるものがあった。

これは暗にロト7のことを言っているのだ。穴八幡の神が副業広告の姿を借りて、私に心折れるな、続けよ、と語りかけているのだ。

ありがとう穴八幡。

続けよう。そう決意を新たにしたのである。

⑮話　ロトはハトなのか

ロト6の末等1000円が当たった。

ロト6は毎回1枚だけクイックピック、つまり売り場任せの数字を買っている。

3ヶ月ぐらい前に1000円分（1枚200円×5回連続）を買ったら、末等が1回当たり、当たった金でまたロト6を買ったところ、ふたたび末等が当たり、その当たった金額分さらに買うと、また1000円当たったのである。つまり最初に1000円払った後は一銭も出さずに3回当たり続けている。

これってすごいことなのではないか。

初期投資以降は出費もないまま、永久機関のように末等が当たり続ける状態。当選が当選を呼び連鎖していく。原子炉でいうところの臨界に達したのではないだろうか？

これがパチンコであれば、そろそろ大きく当たる前兆とも考えられるが、ロトにもパチンコ界の物理法則が適用されるのかどうか。それともロトにはロトの物理があるのか。固唾《かたず》を呑んで見守っているところだ。

さてそうこうしているうちに、またロト6の当選番号が発表される日がきた。それは週に2度あるから、すぐにやってくる。

実は私には、ロトを買い始めてからずっと頭を悩ませている問題がある。それは結果を見るときどういう心構えで臨むべきかということだ。

これまでは、なるべくさりげない態度で臨むほうが当選確率が高いと考えてきた。当たれよこのやろう、みたいに上から目線で結果を確認する奴はロト側も当選させたくないだろうし、どうか当たってますように、と拝み倒してるような人間にも、他力本願な甘えが感じられる。

ハトで考えてみよう。

人は公園でハトにエサをやる場面では、ふてぶてしく詰め寄ってくる態度のでかいハトにはなるべくやらないで、遠くで控えめに待っているハトにそれを投げたいものだ。

この例から、何がなんでも絶対もらいたい、と思っているような強欲な者には恩寵は降り注がないことがわかる。

どうか私にエサが降ってきますように、程度でもいけない。もの欲しさが顔に出ている。そうではなくて、正直者でコツコツと努力してきたハト。いつも他のハトに弾き飛ばされ、なかなかエサの雨の中心に近寄れない引っ込み思案で心優しきハトの頭上にエサをふりかけたい。それが恩寵を与える側の心理というものではないだろうか。

このことからわかるのは、邪心のない純粋無垢な状態でロトの結果発表に臨むのが大事ということだ。物欲しそうにしている者に恩寵は降り注がないのである。

でもだからといって、自分は当たらなくてもいいから、というそっけない態度では嘘になる。マラソン前に、ゆっくりいこうぜ〜、なんて言う中学生と同じで、いかにも気のないふりして本音では勝ちたくてたまらないのが見え見えである。

ハトでいえば、こっちのほうを全然見ないでよそ向いているけど、じわじわ背後から近づいてくるようなタイプだ。

エサが欲しい以上、どうやってもそれは顔ににじみ出てしまうもの。当然ロトだって大金が欲しくて買っているわけで、それを表に出さないのは至難の業《わざ》だ。

ではどうするか。私の考えた作戦は、寝起きチェック、である。

寝起きにいきなり見る。目が覚めて自分のなかに大金が当たって欲しいという邪心が立ち上がる前に、ルーチンとして見る。仮にロト側がサーモグラフで私の心を監視していた場合、心がまだ邪悪なオレンジに染まっていない段階。あまりに行動が自動化しすぎて、自分がロトの当選番号を確認していることさえ意識していない、そういうときに見る。

ハトもさすがに寝起きにエサが降り注いでくるとは思わないだろう。だからガツガツしていない。

この奇跡の時間帯を、黎明《れいめい》のとき、と呼んでみたい。それは文字通り夜明けという意味でもあり、新しい人生の幕開けという意味もある。

そうやっていつも私は、寝起きか、もしくは、ロトのことを忘れていてふと財布のなかにそれを発見したときなどの、サーモグラフがオレンジに染まっていない瞬間にさっと確認する。じわじわ、当たってるかなどうかな、なんて言ってるとあっという間に邪心が頭をもたげてしまうので要注意だ。

だが、このような細心の心配りにもかかわらず、いまだ私に恩寵は降り注がない。

なぜなのか。

実は最近このことで悩んでいるのだった。

ひょっとしたら、この理論は間違っているのではないか。ロトは私の本心をサーモグラフでチェックしていないのではないか。

ロトはハトとは違うのではないか。

ツイッターのＴＬ（タイムライン）に差し挟まれる形で、宝くじ公式アカウントによる高額当選者のリアルなエピソード紹介（ＰＲ）、がたまに流れてくる。

読んでも高額当選者がどんな心構えで当選番号の発表にのぞんだかについてはほとんど書かれていない。まれに、買ったことを忘れていて結果発表から1ヶ月ぐらいたった頃にそういえばとチェックしてみたらなんと1億円！　みたいな例があり、無垢な心に一定の効果があることが確認できるぐらいだ。

でも実際は発表時にすぐにチェックしている人が圧倒的に多く、そういう人はゴリゴリに期待しつつチェックしたにちがいないからサーモグラフは真っ赤だったはずで、ハトでいえば、ガツガツ詰め寄ってくる横柄なハトにエサが降り注いでる状況だ。ロトの心ははかりがたい。

そこでこのたび初めて、めちゃめちゃ当たって欲しいという本音を剝き出しにしたまま当選発表にのぞんでみたら、ハズレた。

んんん、わからない。いったいどうすればいいのだ。

このときふと脳裏に浮かんだのは、禅だ。

ロトは心の在り方問題を私に突き付ける。

ロトとは現代の禅なのである。

⑯話　ペロン靴の波

私が毎週買っているのはロト7で、これはキャリーオーバーが重なると1等10億円も当たる。買うだけで豪勢な気分になれる。

たまに買うのがロト6で、これはたしか最大6億円だったかと思う。6億円でも十分豪勢である。

人生を変えるには最低でも億単位で当たらないと困るわけだが、ロトにはさらにミニロトというものがあって、理論上の期待値が1000万だそうである。1000万当たったところで住宅ローンも完済できないが、当たらないよりマシなことは言うまでもない。

みずほ銀行のホームページを見ると、そのほかにもビンゴ5とか、ナンバーズ4、ナンバーズ3などのくじがあって、これまでまったく眼中になかったわけだが、調べてみると、それぞれ期待値が55万、90万、9万だそうで、9万てなんだよ9万て。全然夢がないぞ。9万当ててどうしろというのか。今払えないでいる国民健康保険の足しにしろというのか。そうか、それは助かる。ぜひ足しになってほしい。国民健康保険高すぎるのではないか。

ともあれ、このたびこれまで知らなかったそんなローリターンなくじの世界に足を踏み入れることになった。原因は靴だ。

先日、関西に行ってお寺を拝観し、満足してさあ出ようと思ったら靴がなかったのである。

おお、ブレネリ、私の靴はどこ？

見ると、かわりに知らない靴が一足残っていた。これ、おれのじゃない。

そういえばさっきまでおっさんのグループがいて、少し前に出て行ったのを覚えている。以後お堂に残っていたのは私ひとりで、他に拝観者はいなかった。

つまり、おっさんのひとりが間違えて私の靴を履いていったわけであった。

残っていた靴は、なるほどなんとなく私の靴に色と形が似ていた。だが材質は全然違っているし、履いてみるときつい。おっさんにすれば逆に私の靴はガバガバだったはず。なぜ気づかないか。

おっさんの靴を履き、周辺を探してみたが、すでにおっさんが去ってから15分は経過しており、その姿はもうどこにも見当たらなかった。

ふざけてはいけないのである。

私もおっさんであり、たまには靴を間違うこともあるだろうが、サイズも材質も全然違うぞ。間違いにもほどがあるのではないか。

と、まあ普段なら怒り心頭というところだが、このときの私はむしろ爽やかであった。まったく怒りが湧いてこない。

実は、おっさんが履いていった私の靴は、靴底が一度ペロンと剝がれ、アロンアルファで貼りつけたものなのだった。

もともと安物のため革（合成）も色落ちしてみっともない状況で、以前は軽い仕事の打ち合わせなどに履いていっていたが、今では踵《かかと》も踏んだりして、ベランダのスリッパに格下げ間近という代物だったのである。

おっさんの靴もたいした代物ではなかったが、スリッパほどではない。もしメルカリで売ったら、おっさんの靴のほうが1・5倍ほど高く売れただろう。

無論高くたって他人の靴なんかいらんが、これはちょうどいい機会だった。そのまま私は靴の量販店へ行っておっさんの靴を処分し、自分は新品を買って、心機一転したのだった。

災い転じて福となしたのである。もともと靴そのものが災いだったぐらいだし、新しいのを買いに行くのが面倒だったところを、背中を押してもらえてかえってよかった。

そうして新しい靴を履いた瞬間、ふと閃《ひらめ》くものがあった。

もしかして……来てるのでは？

靴を間違われるというめったにない凶事も吉とする潜在的な波が来ている可能性がある。波には乗らなければならない。

翌日、さっそく仕事の合間に宝くじチャンスセンターに立ち寄った私だ。

ただ、いい波といっても、10億円には見合わない。なにしろ一度ペロンと剝がれた靴だ。そこまでの波じゃない。

ならばロト7以外のローなくじを買ってみるのはどうか。なんて珍しいことを考えたのには、そういう背景があったのだった。

見れば、なんとお手軽なことであろう、ロト7を除いたロト6以下の5つのくじが1枚ずつセットになった1000円パックが売っているではないか。たった1000円でロト7以外の全種類が買えるのだ。ロト7だと3枚しか買えない値段で他の全種類。

私は理解した。やはり今はこの1000円のパックを買う流れだ。ロト7じゃない。10億円が当たるほどの幸運はないが、9万円とか90万円ぐらいの光が天から私に降り注いでいる。当たっても人生は変わらないものの、国民健康保険一回分が払えるぐらいの光が。

そんなわけで、ナンバーズ3、ナンバーズ4、ビンゴ5、ミニロト、ロト6を1枚ずつ買い揃えた。ナンバーズ3は3ケタの数字を選ぶだけ。簡単すぎる。ミニというのもあって、その3ケタのうちの下2ケタが合ってれば9000円（理論値）が当たるらしい。しょぼい。実にしょぼいが、考えてみれば、これまでに買ったロト7で9000円以上当たったことは2度ぐらいしかない。そっちのほうがしょぼい気もする。

ともあれ期待値を下げて、ペロン靴の波に乗ろうと思った結果はどうだったか。なんと、ひとつもかすらなかった。ナンバーズもビンゴ5もミニロトもロト6も。だああ。だったら浮気なんかせずに、きちんとロト7を買うべきであった。あれは10億円に値する靴ジョーカーだった可能性がある。今となっては新品になったのがせめてもの救いだが、国民健康保険は果たして払えるのか。先はまだ見えない。

⑰話――オリジナル商品開発！

これを書いている今、ロト7が大変なことになっている。8月から1等当選者該当なしが6週にわたって続き、キャリーオーバーが30億円近くまで膨らんでいるのだ。

え、何？　ロトの話はもういい？

いや、だってロトの話だから、これ。

もうしばらくつきあってほしい。

もし今当たれば1等賞金10億円は確実なのだ。キャリーオーバーがないときは賞金はたいてい3億円に届くかどうかであり、複数の当選者がいた場合、自分の取り分は1億円台ということもありうる。だが、今なら2〜3人同時に当たっても大丈夫だろう。

そこで今回、通常は週5枚買うところ、それ以外にさらにクイックピック（コンピュータにお任せ）で5枚、合わせて10枚を購入して、人生の後半を磐石なものとした。

そうして最新の当選番号を見たら驚いたのである。私は、

07、**09**、**16**、**17**、**24**、**29**、**31**

を買っていたのだが、なんと！　当選番号が、

07、**09**、**16**、**17**……

って、おおおおお！

きたあ、ついにきたあ！

……**23**、**27**、**34**。

う。

……惜しい。惜しすぎる。微妙にハズレてはいるが、似てる。とてつもなく似てるぞ。**24**が**23**。**29**が**27**。**31**が**34**なら、10億だった。

ハズレはハズレという声もあろうが、これはもう十分誤差の範囲だ。10億とは言わないが、誤差の範囲内賞で1000万ぐらいもらってもいいのではないか。少なくとも4つの数字は合っているわけだし。

実際の当選金はどうだろう、どうせ1万円ぐらいしかもらえないであろう。いつもそうやってがっかりさせるのだ。と思ったら1万円どころか1300円であった。

1300円？

こらこら、この週だけでも3000円買ってるのである。元も取れんわ。

そういえば以前5つの数字が合致して9100円だったのを思い出した。ロト7は1等以外はしょぼいのであった。

まあ、しかし今回最初の4つの数字が当たったのは、いい兆候である。1等に肉薄しつつあるといっていい。いよいよ私のロト7も大詰めだ。

あと、ついでに言っておくと生活費も大詰めである。やっとこさ国民健康保険を払ったと思ったら、妻に和室の畳がささくれだってひどいと訴えられ、仕方ないから張りなおしたら、ガソリンスタンドで車のタイヤの空気が抜けていると指摘され、調べたらタイヤがツルツルだった。死ぬわけにいかないのでそれも交換、と思ったら妻が自転車が壊れたと新しいのを買ってきたりして、何もしていないのになぜこんなに出費がかさむか。

こうなったら小銭でもいいから今欲しいところだ。

実はその件に関して、私にはある秘策があった。

以前、某作家が自分のホームページで本ではないものも売っているのを見て、自分も本以外のグッズを売るべく準備していたのだ。

そして先日、運よく本の雑誌社がブックマーケットに店を出すと聞き、そこを少し間借りして売ってみたのである。

何を売ったか。

オリジナル商品といえば、缶バッヂとかキーホルダーとか手拭いなどいろいろあるが、私が作ったのはトートバッグだった。

いくつ持っていても使えるし、Tシャツと違ってサイズは関係ないし、缶バッヂのような買ったはいいけど持て余す感じもない。ありがちではあるが、売るならまずはトートバッグだろう。

自分で絵を描き、業者に発注して準備した。どれだけ売れるかわからないので、とりあえず20枚作ったところ、製作費は1枚あたり1330円であった。

これをいくらで売ったものか。市販されているトートは1500円ぐらいのものもあるけれど、そんな価格では自分の労力分の儲けもない。申し訳ないが税込み2000円に設定してみたところ、2日間でギリギリ完売した。妻ほか一部関係者に無料で上納したりもしたから実際の利益は計算すると5400円となった。

2日売って5400円。

デザインにも丸1日以上かかっており時給で考えると全然割に合わない。割には合わないが、それは小ロットだったからで、もっと大きいマーケットに出て売りさばけば、どーんと稼げるのではないか。

というわけで追加で40枚刷り、今度は神田で行われたマニアフェスタというイベントに出店した。

ひとりで出店するとなればトートバッグだけというわけにいかないので、手拭いとTシャツ、さらにノートと、調子に乗っていろいろ作ったら合計で20万円余もかかった。

20万円！

誰にとは言わないが、もちろん内緒だ。というかこれは投資であり、稼ぐためには不可欠な出費なのだ。

そうして2日にわたって売ったところ、売り上げは合計17万円であった。

17－20＝-3

……。

一見損をしたかのようだが、残っている商品が全部売れた日には黒字になる予定であり、順調な経過と言えよう。次のイベントでは一気に挽回すべく、ラインナップを増やしたほうがいいかもしれない。実はポロシャツのいいアイデアが浮かんでいるのだ。

え？　傷は浅いうちに何だって？

まあ、たしかに悩ましい事態ではある。

このままこの道を突き進んでいいのか。それとも撤退してロトに集中すべきか。そもそもトートバッグの原価が高すぎますと杉江さんは言うのだった。

⑱話 10億円の分配方法

10月末に行われた神保町のブックフェスティバルはすごい人出だった。さすが日本一の本の町である。

そんななか本の雑誌社のブースで自分の本へのサインついでにグッズを売らせてもらった。約2万円の売り上げがあり、これまでにかかった原価総額まであと1万円というところにまで迫ってきた。黒字化は目前だ。

厳密には、以前参加したフェスへの商品の送料、商品を陳列するために用意した値札やテーブルに敷いた布など、細々《こまごま》した雑費がなんだかんだで1万円ほどかかっており、これも経費に入れるべきだとすると、あとさらに1万円。だいたい合計2万円でようやく黒字化が実現する。

ただ気になるのは、そこに私の人件費が入っていないことだ。イベントにはのべ4日出ており今後も出ると思うが、その分を考えると、これは果たして旨みのある商売なのだろうか。結局本と同じでヒット商品が出ないと気苦労が増すだけというパターンではないか。本が売れないご時勢だからとグッズを作ったのに、こっち側も同じご時勢なのだった。

そういうわけで効率がいいのはやはりロト7であることが明らかになった。ロト7には人件費が一切かからない。人件費なしで最大10億円である。なんてボロい商売なんだ。

編集の杉江さんに、10億円本当に当たったらどうします？　と訊かれたが、そのへんは考えてある。そのときになって浮き足立ち、急に金使いがあらくなって、高級車だのクルーザーだの別荘だのを買ってみたり、女の子のいる店で豪遊したり、わけのわからん投資にお金をつぎ込んだりするような醜態を晒すことは、私に限ってはありえない。

そもそも何に使うかというのは、たいして問題ではない。そんなことは当たってからじっくり考えればいいのだ。まずは落ち着くことが肝心である。

なのでとりあえずは貯金する。貯金して半年ぐらい手をつけない。そうして当選のほとぼりが冷めたあと、クリアな頭脳でどう使うか考えるのだ。

さらに何より大事なことは、どう分配するかである。以前から知りたいと思っているのだが、当選金を家族に分配することは可能なのだろうか。いったん自分がもらってしまってから分配すると贈与税がかかる。仮に子どもにひとり2億円渡そうと思うと55％もとられるらしい。2億が1億以下に目減りするのである。これが相続となれば40％だ。相続のほうがましではあるが、どっちにしても大きい。

そうだとすると最初から自分ひとりで当選金をもらうのではなく、もらう段階で分配してしまうことはできないだろうか。

たとえば家族みんなで買ったことにして、うちは核家族なので4等分してもらうことはできないのか。そうすれば私が死んだときにも相続税はたいしてかからない。

ただそうなると別の問題があって、10億円も当たったのに私の取り分は2億5000万しかないことになり、納得いかない。日頃ロト7を買う私を冷ややかな目で見ている妻にも、私と同じ2億5000万円がいくのは筋が通らないではないか。いつもハズレくじをゴミ箱の奥に突っ込んで見えないように捨てている私の努力はどうなるのか。

私の考える理想的な配分は、まず子どもにひとり2億円、妻には1億円もあればいいであろう。妻と子どもでは残りの人生の長さが違うからである。残りは全部自分で、5−1−2−2のフォーメーションが最適解と考える。自分だけ5億円もらってずるいという意見にはもちろん耳を貸す気はない。買ったのは私だ。

とにかくそういう変則的な分配は果たして可能なのかどうなのか。たぶんダメと言われる気がするので、やはりここは10億円全部私がもらうことにして話を続ける。

そのとき家族に話すかということも同時に考えておかねばならない問題だ。子どもに言うわけにはいかない。そんな大金があると知れば、働かない大人になるに決まっているからである。ただでさえ親の私が働かないのだ。その遺伝子を受け継いでいる子どもらが大金を手にして働くわけがない。親子二代で全然働かないのは問題である。

妻はどうか。

妻？　そりゃあもちろん伝え□％▲◎×。

話を進めよう。

10億円もあれば今住んでいる建売住宅のローンは軽く完済できる。しかしそれをするかどうかは少し悩むところだ。ローンは私が75歳になるまで支払う契約になっているものの、私が死ねばチャラであり、それ以上払う必要はなくなる。もし75歳までに死ねば、全額払う必要がないのである。

私は75歳までに死ぬだろうか。

ほぼ死ぬだろう。

75歳まで生きる確率は自分では10％以下と踏んでいる。こないだネットにあった寿命の残りを計算してくれるアプリをやってみたら私の寿命はあと9年であった。私はもうちょっとで死ぬのだ。もしあと9年なら10年分以上のローンが浮くことになる。何も急いでローンを返す必要はないのだった。

あとは実家で年金暮らしの母にそろそろ介護の費用がかかる可能性があるが、時々帰省して観察していると、もう82歳になるというのに毎日縄跳び100回とか跳んでおり、介護する必要があるのかどうか疑問である。

そんなわけでとりあえず貯金。ほとんど利子もつかないご時勢であり、株か金にでもしておいたほうがいいのでは、という意見もありそうだが、そうはいっても10億も貯金があれば利子で暮らせると思われる。ためしに計算したらざっくり年100万円程度だった。

暮らせない。

なんでやねん。

⑲話――9億9900万のイライラ

今、**31**と**32**が熱い。ものすごく熱い。

11月は4週連続で**32**が出た。**31**も3週連続で出ている。

ならば、次は**31**と**32**を入れて買いたいところだが、4週続いたものが次も出るかというと微妙である。これまでも4週連続はあったが5週は記憶がない。そういう意味では、熱いのではなく、熱かったというべきか。

そういえば、その前は**36**が熱かった。これも3週連続で出たのである。あるいはこの3週以上連続で出るのが今のトレンドなのだとしたら、今のところ2週続けて出ている**28**が次は熱いのかもしれない。

って、ああだこうだ言ってるけど、ちゃんと当たっているのか、というと、最近全然当たっていない。末等さえも当たらなくなってきた。一時は月に3回ぐらい当たっていたこともあったのに、この一ヶ月以上まったくかすりもしない。

何かのお告げだろうか。

そろそろ潮時ですよ、というロト星人からのメッセージだろうか。

ちょうど本の雑誌の読者の方からの投稿で、宮田のロトは収支はどうなっているのかと質問があったのでお答えしたいのだが、実はきちんと記録をとっておらず、よくわからない。

基本的に週にロト7を5枚買っているから、年間では1500円×52で、7万8000円出費していることになる。しかしそれだけではなく、キャリーオーバーが出ると買い足すのでこれがどのぐらいの回数あるか。

直近で数えてみると結構あった。2回に1回ぐらいはキャリーオーバーしている。1回キャリーオーバーしたぐらいでは余剰金もさほど溜まっていないから買い足さないこともあるけれど、2回続けてオーバーしたときは必ず買い足している。目安としては、10億円のキャリーオーバーで＋3枚、20億超えたら＋5枚という感じだろうか。厳密にそうと決めているわけではないが、だいたいそんな感じで買っている。

とすると年間いくらになるか。私としては総額10万円は超えないようにと願っているが、帳簿をつけていないから実際は超えていてもわからない。そんなザルでいいのか。無駄遣いにもほどがあるのではないかという質問に関しましては、たぶん超えてないはず、超えているには当たらない、超えてないと閣議決定した、あるいは仮定の質問には答えられない、ということで先に進みたい。

一方でいくら当たっているのか、それもつけていないからわからない。結構末等は当たってる気がするし、まれにひとつ上の5等も当たるが、今書いたようにここ1ヶ月以上当たっていないから、平均して月に1・5回ぐらい当たる程度か。そうだと仮定すると、月1500円ぐらい。年間で1万8000円の収入になり、全体で差し引き8～9万円の赤字と考えてよさそうだ。

んんん、初めて計算してみたが、そんなに赤字だったか。

売り場に行くと、たまに一度に何万円分もごそっと買っていく人がいて、自分なんかまだまだだ、もっと買えるようにならないと、と思っていたが、ちょっとおかしくなっていたかもしれない。これからは数字を厳選して週3枚に……いや、でもその外した2つの組み合わせが当たったら悔やんでも悔やみきれないから無理だ。それよりいくらキャリーオーバーがかかっても一切買い足さないことが大事かもしれない。

ところで話は変わるが、前回10億当たったらまず貯金してしばらく触らないと書いたことに対して、今は貯金しても利子などないも同然なのだから投資に回したほうがいいという声があった。

たしかに現実はそうなのかもしれない。だが、この一切触らないことが私にはとても重要に思えるのだ。

投資で得するか損するかは今は考えないとして、とにかくいったんお金は出て行くわけだから、預金通帳の額面は10億円を切ることになる。あとで倍になってかえってくるとしても、大事なのはこの、額面で10億切ったかどうか、である。

仮にここから1００万円おろして投資か何かに使ったとしよう。通帳には9億99００万円が残る。これは10億とほとんど変わらない数字ではあるものの、この9億99００万という数字を見ていると、なんだかイライラしてこないだろうか。

なぜ10億じゃないのか。10億にしろよ。ってなるでしょう。そうすると1００万円を戻さざるを得ない。戻せればいいが、仮に戻せない場合が大変である。この半端な数字をなんとかしたい、ここは9億9０００万のほうがキリがいいのではないか、なんて考えないとも限らない。そうして9００万円を気楽に使ってしまうのである。

すると今度は9億9０００万になるが、これもまだすわりが悪い。なぜ10億でないのか。10億が無理なら、9億きっかりのほうがいいのではないか。

このようにして9０００万円は浪費してもいい金、むしろ浪費したほうがすっきりする金へと変貌する。そうなると、10億が瞬く間に9億に減ってしまうのである。

で、9億になったら、こう思うだろう。

なぜ10億じゃないのか。9って半端だな。5なら落ち着くんじゃないか。

そんなアホな考え方の人間がいるのかと読者は思うかもしれない。しかし、そういう人間は実在する。

かつて私には200万円の虎の子貯金があった。それがたまたま10万円ほど下ろしてしまったがために、みるみる150万になり、今見たら100万円になっていた。瞬く間に90万減ったのだ。それなのに数字的にすっきりして気持ちいいなどと考える私なので、10億円は絶対に触ってはいけないのである。

⑳話　2020年の蛇の夢

衝撃的な事件があった。

私がいつもロトを買っている売り場に、先日デカデカと大きな表示が出ていたのだ。

当売り場から1等10億円出ました！

でえええっ！

しかもよく見ると3ヶ月前には、ロト6の1等4億7000万円も出ていた。10億のおかげで、4億いくらの表示は小さくて目立たない。たて続けに当選が出たらしい。

思わず心の中で叫んだ。

なぜ私じゃないんだあ！

この売り場で継続的にロト7を買っている人物といえば私のはず。その私が末等レベルでカスってる間に、いったいどこの馬の骨だよ、私の10億をさらっていったのは。

ひょっとして私では?

と不意に不安になった。

本当は当たっていたのに、気づかずに券を捨ててしまったのではないか。

実は少し前におそるべき事件があったのである。それはロト7ではなく、たまたま気まぐれに買ったロト6だったが、当選番号の発表を見てハズレていたので、そのままゴミ箱に捨てたのだった。そうして翌日になり、ふと、抽選日は今日だったことに気がついたからあわてた。ゲゲ、昨日見たのは1回前の当選番号じゃないか!

その日は燃えるゴミの日だった。朝8時半ぐらいまでにゴミを指定の青い袋に入れて外に出しておかなければならない。なのですでにまとめられていた大きな青いゴミ袋を必死であさった。

あさりながら、これは来た、ついに来たぞ、こういうのが当たるのだ、一度捨ててしまった券ほど当たりそうな券はないと思い、絶対にゴミ収集車に回収させてはならんと、なんとかクシャクシャになった券を青い袋の底から発掘し、夕方発表を待ってチェックすると、ちっとも当たっていなかったのだった。

こういう券が当たると思ったのは間違いだった。むしろそのままゴミ収集車に持っていかれたとき初めて当たるのかもしれない。人生はそういうものかもしれない。

そんなわけで、10億円である。

私はその回のロト7をちゃんとチェックしただろうか。間違えて1回前の番号と照合し、そのまま捨ててしまっていないだろうか。今頃どこかのゴミ焼却場で10億円が燃えているのではないか。

私は毎回同じ数字を買っており、その数字を確認すると当たっていなかったものの、10億が出たなら大きな額がキャリーオーバーしていたわけで、そういうときはクイックピック（売り場のコンピュータが出したランダムな数字）で3~5枚買い足していたはず。普段の私の行動から類推するとそうなる。クイックピックの数字はメモしていないから、捨ててしまったらもう当たっていたかハズレていたかわからない。ぬかりのない私のことなので、入念にチェックしているはずとはいえ、ロト6で1日間違えたばかりである。

私は10億を捨てたのか。

そうではないと信じたい。もし捨てていたら、人生で2度10億が当たることなどまずないから私のロト7人生は終了だ。

真実は藪のなかであるが、いずれにせよ手元に10億がない以上、私のターンはこれからと信じて、引き続きロト7を買うことにする。

で、真の問題はここからなのである。

この数ヶ月で立て続けに、ロト6、ロト7の1等が出た売り場（しかもどちらもキャリーオーバーで高額）に、果たして福は残っているのかどうか。

小さな駅前の目立たない売り場である。何十年も当たりが出なくてもなんら不思議じゃないような地味なブースだ。よく巷《ちまた》の攻略法に、笑顔の女性がいる売り場で買えと書いてあるが、それほど愛想がいいわけでもない。そんな売り場から合計14億、というかよく見るとさらにジャンボ宝くじなどでも当たりが出ていて合計24億円以上当選と掲示されていた。

もはやこの売り場に福は残っていないのではないか。お茶でいうならもう出がらしなのでは？

それとも奇跡の売り場ってことでむしろ買いなのか。

巷の攻略法には、金運は西にある、自分の家から西の方角にある売り場で買えと書いてあるときもあって、その売り場は私の家から真東だった。もっとも近いメインバンクのＡＴＭ

がその駅前にあるため、一番便利でよく利用しているのだが、方角は正反対である。

これまでよその誰かが考えた攻略法など正直気にしたことはなく、方角関係なく旅に出たら買うようにしていたほどだが、これからはどうしたものか。

そんなことを悩みはじめて年が明け、2020年になった途端、ある夢を見た。

最近夢を見ないなあと思っていたところだったので、意外な感じがした。蛇の夢だった。

庭にワニがいると思い、気をつけろと庭のむこうから歩いてくる息子に注意しようとしたらワニではなく大蛇に変わり、大蛇に確定した途端その周囲にも大量の蛇がいるのが見えて、みな右へ進んでいた。息子なのかどうかだんだんわからなくなってきた近づいてくる誰かに、蛇がいっぱいいるぞと重ねて注意しようと思ったら、全部毒のない蛇だとわかったところで夢終了。夢占いについてはよく知らないが蛇は吉兆ではないか。

2020年の占いを見ると、どういうわけかあらゆる占いで抜群の運勢である。新宿の母が占う誕生日別運勢ランキングでも1位だった。366日中1位だ。すごいのではないか。

この奇跡的な幸運を逃す手はない。そうなると去年当たりが出まくった売り場で買うべきなのかどうなのかはますます重大な問題であって、さっきから何を言ってるんだ宮田大丈夫かしっかりしろと誰かの声がする。

㉑話　355回の活力

たった今ロト7第355回が外れたところである。ここ最近ロト7は迷走している。というのも第352回から第354回まで3回連続で、前の回に出た番号が出なかった。ロト7の特徴として、ほとんどの回で、当選数字のうちひとつかふたつ、ときには3つもの数字が次の回の当選数字にも含まれるという現象がある。前回に出た7つの数字のうちどれかがまた出るのである。まったく違う数字だけが並ぶことは滅多にないのがロト7の不思議といっていい。

ところが、それが3度続けてなかった。前代未聞ではなかろうか。私は毎回固定した数字を買っているので、何が出ようと関係ない話ではあるのだが、毎回数字を予測して買っている人は困惑したことだろう。今年は何か波乱があるのではないか。オリンピック中止の先触れではないのか。

というような話を展開しようと思ったけど、前回と違う数字とか同じ数字だとか読者の知ったことではないので、そんなことより第355回という点に注目したい。

もう355回もやったのである。ロト7。

もはや何年に始まったのだったか記憶も定かでないが、私は開始から今までほぼ毎回買っているのだった。買い忘れたときが1、2度あった気がするが、ほぼ毎回。それまでロト6を買ったり買わなかったりしていたのを、ロト7が登場したときにこれからは真面目に取り組もうと思ったのである。それからはや355回。

毎回1500円は最低買っており、それ以外にキャリーオーバー時にも買っているから、合計額はちょっと見たくない。ええと、1500円×355回だから、あえて厳密に計算しないでおくが、ざっと3万円ぐらいかな。3万円ぐらいと思う。3万円だね、意味のない質問だよ。

その金が今あったら、息子の塾代に当てられたのではないか、と思わなくもないが、もうすぐロト7が当たれば塾代どころか学費にも生活費にもいろいろ当てられるわけで、それでこんなやりとりは無意味じゃないか、ということを申し上げたわけでありますが、それは当然、そう思うじゃないですか。ここは質疑の場であってですね、一方的に罵《ののし》る場なんですか？

私はそうは思いませんよ。やっぱりそれでは質疑が無意味になる。私はそれでは質疑が無意味になってしまうと……（以下略）。

最高で10億も当たるロト7のことであるから、ン十万ぐらいのことで動揺していてはいけない。宝くじやロトを買うのはバカだといわゆるまともな人間は言う。競馬やボートのようなギャンブルよりもずっと期待値が低いのに、当たるわけがない、と。

しかしたとえ当たらなくても、買う意味はあるのだ。

なぜなら、ひょっとしたら明日何億円も手にしているかもしれないと夢想することが活力になる。金がなくてどんどん気持ちが塞いでいくのを、しばしの夢想によって食い止めることができるのである。

ああ、よかった明日何億も当たって。

そう思い込むことによるプラシーボ効果でがんばれるわけだ。

くだらないと読者は思うかもしれない。だが、夜不安な気持ちのままベッドに入るとなかなか寝付けないが、10億円当たったつもりであれこれ空想しながら寝床につけば健やかに眠れる。それだけで週1500円分の効果はあったようなものだ。

それでその10億円を何に使うんですか、と杉江さんに何度も聞かれるのだが、毎晩あれこれ空想しているわりに、これという使い道が定まらない。とりあえず貯金と答えたのは、ともあれ安心を手にしてそれをかみ締め、それから先のことはゆっくり考えようという心づもりだった。つまり私が一番手に入れたいのは将来の保証ということなのだろう。そして、もう働かなくていいという安寧。

豪邸を建てたいとか、いい車に乗りたいとか、クルーザーが買いたいとか、お姉さんのいる店で豪遊したいとか、そんな欲望をはるかに凌駕《りょうが》して、厳然と私の胸に具《そな》わる真の願い、それは、働かなくていい、という境遇なのだ。

私のベッドでの夢想はいつもそこで止まっている。働かなくていいの光が私の未来をくまなく照らしたところでだいたい安らかに寝てしまう。そこから先を考えるにも光があまりにまばゆく心地よいために、頭が考えるのをやめてしまうのだ。

杉江さんは、自分は10億当たったら車とか時計とかいっぱい買いますよ、お姉ちゃんもばんばんはべらします、と公言して憚《はばか》らないが、みんな本当にそんな暮らしに憧れているのだろうか。私は本当に興味がない。

たとえばイオンの福引で仮に超高級車が当たったとしても、一度も乗らずに売ってしまうだろう。車ならキャンピングカーが欲しい気がするが、それもデカい箱みたいなやつではなく、普通のワンボックスを改造したような外から見ても車中泊用とわからないものがいい。

一時は忍者屋敷のような豪邸に住みたいと思っていたこともあるが、子どももうすぐ家を出て行くわけだし、そんなでかい家はこの先持て余すにちがいない。豪華客船でクルーズに行きたいとも思わない。豪華客船よりフェリーのほうがワクワクするし、高齢者になってもバックパッカーとして気安く旅をしていたい。根っからの貧乏性なのだろうと思う。昔っからそうなのだ。

ただ、もし10億円あるとすれば、書庫が欲しいかもしれない。いくらでも本を買い、いくらでも置いておける部屋。あとバックパック旅行はするにしても飛行機はファーストクラスがいい。苦行でしかない飛行時間をファーストクラスでのびのび過ごすのである。

そうそう、旅の計画ならいくらでも思い浮かぶ。結局自分はやはり旅につぎ込むことになりそうだ。今後は、どんな旅をするか考えながら寝ようと思う。

㉒話 当たる売り場巡り

いつも買っている売り場で10億の当たりが出て以来、その売り場にはもう福は残っていない気がして足が遠のいている。

縁起のいいスポットと考えることもできるはずだが、売り場は小さいし地味だし、オーラが感じられない。思い込みかもしれないが、縁起のいい成分はすべて出し尽くしてしまった出がらし感が伝わってくる……気がする。

一方で、世の中にはよく当たる売り場というものがあって、同じところで何度も当たりが出るのらしい。それはみんなが大挙して買いに来ることで売り上げ枚数の母数が変わるからだと思うが、あの売り場にも大勢が買いにくれば、さらに当たりも増えて、将来ロトの名所になったりするのだろうか。いや、そもそもの話、自分で番号を選ぶロトに、買う場所など関係があるのだろうか。

そんなことを考えていた矢先、杉江さんから、よく当たる売り場で買ってみますか、という提案をもらった。なるほど、それはいい考えかもしれない。今後の参考に一度いろんな売り場を巡ってみることにした。

最初に向かったのは江東区亀戸にある亀戸駅北口宝くじ売り場である。どれだけものすごい売り場なのかと思ったら、行きつけの売り場よりさらに小さいブースだった。中の人が立ち上がったら、箱ごと持ち上がってスタスタ歩いていきそうな大きさだ。一度そうやってあちこち歩き回って売ってみたらどうかと思った。どこに現れるか神出鬼没。そんな売り場を偶然見かけたら、お、ラッキー、という気持ちになって、みんな買わずにいられないのではないか。

箱の上に「平成28年のオータムジャンボ宝くじで5億円出ました」と看板が出ている。さらに、反対側の面には「当売場最近の大当り！」として、平成29年年末ジャンボ宝くじ2等×1本だの何だのと列挙されていた。平成30年以降がないのが気になったが、こうして派手なブースを見れば、普段買わない人がふと買ってみようと思うことはありそうな気がする。見た目の景気の良さは重要だ。重要だが、売る側にとってそうであっても、買う側にとって当たりが出やすいかどうかは別問題である。

ここは扱いが宝くじだけでロトは売ってないというから、仕方なく宝くじをバラで3枚だけ買った。正直、宝くじはロトと違って当たる気がしない。なので少なめにしておく。このあとも何軒か回るから節約しなければいけない。

亀戸の次に向かったのは、京葉交差点宝くじセンター吉田商店。新小岩駅からバスに乗って15分ぐらいだったろうか。車通りが多く生活感のない交差点にその店はあった。派手な庇《ひさし》に高額当選金総額73億円と書いてある。ここでもよく当たるのはやっぱり宝くじのようだ。なので宝くじを1枚だけ買う。さらにキャリーオーバー中のロト6を3枚購入。

買ったら即座にまたバスで戻る。はるばる買いにきたのにあっさりしたものだ。宝くじファンはわざわざこんなふうに遠くまで買いにいくのだろうか。それならその交通費で1枚でも余分に買ったほうがいいのではないか。

横で杉江さんが「いやあ、こんな盛り上がらない同行取材は初めてです」と言う。

「大竹聡さんのギャンブル取材に同行したときは興奮したけど、これはくじ買うだけだもんなあ」

「馬やボートって、当たるとどのぐらいなんですか、100万円とか?」

「そうですね、万馬券が出ればもっといくこともあるんじゃないですか」

ギャンブル好きな人は、レースの勝敗を予想して楽しみ、レース中もドキドキを味わい、目当てが差してくればそれはそれは盛り上がって、その全過程を満喫するのだろう。その楽しみは否定しないが、100万円では人生は変わらない。そもそも馬だのボートだのギャンブルは熱狂してつぎ込んでしまうから危ない。杉江さんの話では、本の雑誌元発行人の目黒さんは家2軒買えるぐらいすったんじゃないかとのこと。私はそういうイチかバチかな人生を目指しているわけではなく、堅実に将来に備えたいのだ。

JRに戻って今度は西銀座チャンスセンターへ。ここはニュースでもよく取り上げられるスポットだ。看板に平成の億万長者498人、800億円と書いてあるから実績もケタ違いである。やはりここが本丸だろう。本業であるロト7で勝負したい。ということで5枚。

最後は新橋駅烏森《からすもり》口前宝くじラッキーセンターへ、西銀座から歩いて移動。ネットの情報では当選金総額は200億円を超えているとのことだが、来てみるとそういった宣伝看板は一切なく、そこが逆に自信の表れのように思えた。ここでロト7を3枚、宝くじ1枚を買う。

こうして有名売り場巡りは終了。結局買ったのは、ジャンボ宝くじ5枚、ロト7を8枚、ロト6を3枚で、合計4500円だった。

杉江さんも途中で漏らした通り、有名売り場巡りはちっとも盛り上がらなかった。以前西の方角で買うといいということでわざわざ九州まで行った人がテレビに出ていたが、それをゲン担ぎとして肯定できるのはギャンブラー的気性の持ち主だけだろう。堅実な投資家なら、その交通費で1枚でも余分に買うほうを選ぶはずだ。

つまり売り場にこだわる人はギャンブラーの卵なのであり、こだわりすぎると、だんだん手が込んできて、買ったくじの置き場はどこじゃないとダメとか、買うときの動作にルーティンを導入したり、しまいには賭け金だって増えていくようなことになりかねない。くじ買うのにルーティンいる？　仮に買う瞬間ゾーンに入ったりしたとしても、買うくじは同じである。もしゾーンに入るなら、数字を選ぶときにこそ入っておくべきだろう。

そんなわけで結論が出た。

売り場はテキトーでいい。

そして今回のくじはすべてハズレだった。

㉓話 ロト7的経済対策

ロトの番号は何がいいとか当たらないとか、小さなことをぐだぐだ書いていたら、コロナショックで世の中それどころではなくなっていた。

リーマンショック以来の大ショックなどとニュースで言っているが、リーマンショックが何ほどのものだったろう？　ちっともショックだった記憶がない。だいたいリーマンて何だ？　サラリーマン？

その前はブラックマンデーというのがあった。暗黒の月曜日ほどの意味だろうが、当時すでに私は社会人だったけれど、これもとくに凹んだ記憶はない。

あとオイルショックも有名だが、もうはるか昔の話で自分が経験したのかどうかも定かでない。南北朝頃の話かも。

というように世界的経済ショックとは一切無縁に暮らしつつ、家計のほうは毎月そこそこショックという人生を送ってきた私なのだが、コロナショックは他人事だったこれまでの世界経済ショックと違って本物のショックだ。

そもそも感染して死ぬかもしれないので不安なのは言うまでもなく、経済面に限ってみても、ちょうど息子の大学受験や娘の高校進学と重なって支出が激しかったところへ、こんな正式なショックがきて、ショックである。

私は基本、紀行作家なので、旅行ができなくなったら仕事が減るのは目に見えている。というかすでに減りはじめていて、今後の収入激減は確実だ。妻もパート先から自宅待機を言い渡されていて、これから貯金を切り崩す日々が始まることになりそうである。おかげで、ますますロト7の重要性への認識が高まった。

ただ話はもうそういう次元を超えてさらに大きくなっており、この先もし大恐慌に突入すれば、潰れる銀行も出てくるし、最悪の場合預金封鎖みたいなことが起こるかもしれないというから、尋常ではない。そうなったらいくらロト7で10億円せしめたところで、それが一切引き出せなくなったり、一瞬にして1000万円になってしまったりする可能性がある。

もはやどの番号がいいとか小さいことを言ってる場合ではなく、今はお金を節約したほうがいいのかもしれないというわけで、今後はたとえキャリーオーバーしても、きっちり週5

枚しか買わないことに決めました。

と緊縮の決意をかためていたところ、SNSを通じて、悪魔のささやきが聞こえてきたのである。今こそ株をやるチャンス、というささやきが。

株……。

んんん。安くなっているから買いだという理屈はわからないでもない。

しかし今後さらに暴落するかもしれないし、正直、株には嫌悪感がある。

これまでサラリーマン時代に自社株を買わされていた以外、自らすすんで株を買ったことがない。だいたい自分が汗水垂らさずして儲けようというその性根が気に入らん。

おかげで結果としてリーマンショックもブラックマンデーもちっともショックじゃなかったし、たまに知り合いが株で儲けたなんて話を聞いても心動かすことなく平然と生きてきた。

しかし、この「自分が汗水垂らさずして儲ける」問題について、最近、考えが少し変わってきたのだった。

というのも、汗水垂らして働いてもさっぱり儲からないのだ。

正社員にせよ非正規にせよフリーランスにせよ、仕事の報酬額が少なすぎるのではないか。

コロナショック前の段階で、先進国中ここ何年も給与があがっていないのは日本だけという統計が出ていた。9時5時できっちり働いても暮らしは豊かにならず、副業が奨励されるようにもなっていた。それなのに収入が少ないのは自分の責任にされ、真面目にコツコツ働いても報われない社会がいつの間にかできあがっている。

本来ならば世の中が発展していくにつれ、人々の暮らしはよくなるべきなのに、昔よりずっときつくなっている。いったい何のために発展しているのか。

20年ぐらい前の私の予測では、科学の発達により、人間は今までの半分ぐらい働けば楽に暮らしていける世の中がやってくるはずだった。めんどくさい仕事はAIがやればいい。AIには給料を払う必要がないのだから、人は自分の働いた分にAIが働いた分を頭割りで上乗せした金額をもらえて当然だと考えていた。だが、どういうわけかそうなっていない。逆に自分の労働に見合う報酬をもらえていない人のほうが多い気がする。

これはどう考えても経済システムそのものが狂っているせいであり、本来のもらえるべき報酬がもらえていない分は、どこかで自動的に補填されなければいけない。今受け取っている報酬以外に「汗水垂らさずして」入ってくるお金があって、はじめて理論的に正しい収入に届くのである。

つまり報酬が下限値を下回っている分は、何か「汗水垂ら」さないAI的なものが、私のために稼ぐべきである。

このことに気付いて以来、これまで敬遠していた株みたいな投資の可能性がＳＮＳを通じて私の意識に登場してきたのはいたしかたないことだろう。だがもちろん問題もある。

絶対に儲かることが約束されていない点だ。

足りない報酬を補填すべきときに、投資をした私が損をしたら本末転倒である。これは自己責任という話ではない。働いたのに不当にもらえていない報酬を取り戻すためなのだから、私がリスクを負うのはおかしい。すでに自分の責任は果たしているのだ。

というわけで、ロト７を、だいたい数字３つぐらい揃えば１億当たるように変更してください。経済対策はそれがいいと思います。

㉔話──消えたロト売り場

新型コロナウイルスの経済への影響が日増しに深刻化し、当初はどこか遠い話のようだったのが、ついに自分の身の回りにも被害が及んできた。

ロト売り場が開いていないのである。

ロトを買いたくても買えない状況だ。開いているところも若干あるようだが、売り場を探してうろうろしてるうちに買いそびれ、いつも買ってる番号が1等に当たっていたりしたら最悪である。

それだけではない。こないだ末等の1000円が当たったのだが、その当たりくじを換金するには、売り場が開いてないため、みずほ銀行の窓口まで行かなければいけなくなった。たった1000円の当選金を受け取るために銀行の窓口に？　不要不急の典型みたいな用事ではないか。「はあ？　ロトの末等？　御客様、それって今必要でございますか？」と慇懃《いんぎん》に排除されるのではないか。

実はロトはネットでも買える。銀行のネットバンキングに登録しておけば直接買えるうえに、当たれば、当選金も自動的にその口座に振り込まれる。ならそっちのほうが手間も省けていいことづくめじゃないかと言われそうだが、果たしてそうだろうか。それではあまりに味気なさすぎると私は思うのである。

ただでさえ競馬や競輪などに比べて頭を使わないロトにおいて、当選番号の発表も見ないとなれば、それはいったい何の行事かという話だ。ほぼ当たらないのだから、ただ黙々と定期的に通帳の預金残高が減っていくのを指をくわえて眺めるだけの謎のプレイになるまいか。

あれは小遣いのなかからどさくさに紛れて買うから買えるのである。そこを「見える化」してどうするか。

問題は他にもある。売り場がなくなることで、ネットに移行できない人が買わなくなり、売上総額が減って当選金の額が下がってしまうのではないか。当選確率は変わらないのに、もらえる金額が目減りしてしまうのである。そう考えると、コロナが終息したあと、売り場が復活するかどうかも心配になってくる。購入者の多くが今回ネットに移行してしまうと、売り場の売上は元に戻らないだろう。

とはいえ背に腹は替えられないので、当分の間私もネットで買うことにした。忸怩《じくじ》たる思いだ。

ただここまで読んでもらっておいて何だが、身も蓋もないことを言ってしまうと、正直私のなかでロトのことはかなりどうでもよくなってきている。そりゃそうだろう。頭のなかでロトが占める割合は、コロナに圧《お》されてこの1ヶ月で急速に低下してしまった。ロトのほうも少しは私の気を引く展開を用意しないと、このままいつも末等ばかりでは、愛想をつかされることも覚悟したほうがいい。

とにかく今はそれより当座の生活資金だ。

今回のことで10万円の給付金がもらえることになったのはせめてもの救いである。私はロトに使うお金は年10万円までというルールを自分に課している。まさにそこを補塡してくれたわけである。なぜ政府が私のロト資金の額を知っていたのか謎だが、彼らも私がこのままロトに当たらなかったら大変なことになると理解してくれたのだろう。

このような未曽有《みぞう》の緊急事態になってみて思い出すのは、つい数ヶ月前まで、年金だけでは老後の資金が2000万円足りないとかなんとか言ってたことで、そのときも十分頭を抱えたが、こうなってみると、その程度で済めばかわいいほうと言える。

もはや事態は個人で対処できるレベルを超えており、自己責任とか言ってる場合ではない。ロト買った人みんなに10億が当たるぐらいの思い切った施策を打たないと、この危機は乗り越えられまい。ほんの半年前はまったく想像すらしていなかった世界。一寸先は闇とはよく言ったものである。

だがそれは、逆に言えば、今から半年後もまたどうなっているかわからないということでもある。現実の未来はいつだって想像している未来とは違うものになる。老後の生活資金がいくら足りないとか、そういうレベルをはるかに超えた大規模な変化が起こっていないとも限らない。もっと悲惨になるという予測もあるけれど、ひょっとしたら今は想像もできない理由で瞬時にみんなお金持ちになる、ハッピーな未来の可能性も0ではないはず。

100年前のスペイン風邪のパンデミックは2年続いたらしい。当時はまだウイルスの存在など知られておらず、原因もさっぱり不明だったので、今回人類はもう少しうまく対処できるんじゃないかと期待できる。まして今はインターネットもあるし、宅配便もあるから、経済活動が全滅しているわけでもなく、まだよかった。これでインターネットがなかったら宅配もできないし、経済は完全に抹殺され、閉塞感も半端なかっただろう。

現段階でも閉塞感を覚えている人がいるようだが、ほとんど家にこもって暮らしているフリーランスの身からすると、この程度で閉塞感などと嘆くのは100年早い。私は緊急事態宣言が出る前から、こんな生活だった。仕事ができず収入が減るのはつらいが、家に閉じこもっていること自体には何の違和感もない。それどころか今までは世間から自分だけ取り残されているような寂しさに苛《さいな》まれていたのが嘘のように解消し、みんなよくぞこっちの世界に来てくれた、まあ座ってお茶でも飲めと先輩風を吹かせたい気分だ。

テレワークでつい仕事をサボってしまって自己嫌悪に陥っている人は、もともと会社にいてもサボっていたけど雰囲気で仕事した気になってただけだから心配いらない、というようなことをツイッターで呟いたら、4万5000いいね！　がついた。

4万5000？　そこまでの話かこれ？

このように、世の中何が起こるかさっぱりわからないので、ロトも当たらなそうに見えて本当に当たることは、十分ありえる。

㉕話　さらば仕事場

ロト7をネットの銀行経由で買ったら、週明けに前週末に購入したロトの結果が見られるようになった。いちいち自分で番号を照合しなくても、いきなり当選金額が表示される。私は毎週5枚買い、そのうち1枚はクイックピック（コンピュータ任せ）で番号を選んでいるのだが、ネットだとコンピュータの選んだ番号が何番なのか確認する必要もない。

つまりクイックピックで買った券については自分は何一つ関与することなく、買った数字さえ知らず、結果だけ知らされるのである。全自動なのだ。

ネットで買った最初の週、さっそく確認してみると、「ハズレ」だった。

本当にただ「ハズレ」とだけ表示されていた。もっとましな言い方はないのか。残念ながら入賞を逃しましたとか、せめて「ハズレました」ぐらいの語尾がくっついていてもいいのではないか。しかも1枚1枚確かめるワクワク感もなく、5枚まとめての回答である。世に氾濫する詐欺サイトだってもうちょっと気を使ってるぞ。

ロトは5週先まで買えるので、5週分買っておいたところ、3週目までハズレが続き、4週目にようやく当たりが出た。ただ、これもあっさりしたもので、当選おめでとうございますとも何とも出なくて、ただ「1500円」。何等に当たったかもわからない。めちゃめちゃ味気ない。味気ないけど、これはこれでいいのかもしれないと思い直した。というのも、自分で番号を確かめるとき、どんな気持ちで確かめればいいかわからない問題が、この方法なら解消されるからだ。

当たれ当たれと思っていると、そんな強欲な人間は戒めとしてハズレるのが定石だ。そのため、毎回べつにお金が欲しくて買ってるわけではないふうを装いながら当選番号を確認したりして、敵を欺《あざむ》くのが大変だったのである。勝手に結果が照会されて、自分の知らないうちに振り込まれるということは、そういう心理戦が不要になるということだ。

やがて緊急事態も解除になり、売り場が復活したが、今後は併用で買っていこうと思う。

さて、それはそれとして、10億円が当たるまでの当座の生活費のほうも考えておかないといけない。コロナ給付金もまだ来ないのに、国民年金だの自動車税だの固定資産税だのは早早とやってきて、地方税もどーんと来た。とても給付金でまかなえる額ではなく、今後さらに国民健康保険までくるとなると、家計は火の車である。

前々から、もったいないと妻に指摘されていた仕事場も残念だが撤収しようと思う。たしかにこのところ仕事場に行かずに家で働いていることが多く、ワンルームマンションの部屋は物置というか書庫と化していた。解約するのは当然の流れという気がする。

ただそうなると問題は、大量の本をどうするかということで、そうでなくても家には本があふれ、これ以上は無理だと思っていたところである。そこに仕事場の本が追加されて収まるはずがない。

これはもう大量に処分するほか道はない。

トランクルームを借りる方法もあるが、本はトランクルームに積んだ途端、一気にダメになる気がする。積みっぱなしになって取り出すこともなくなるだろう。そもそもトランクルームだって金がかかるわけで、調べたら本が全部収納できそうな規模だと月額最低でも2万円はかかることがわかった。借りていた仕事場の半分の値段だ。だったら仕事場をそのまま借りていたほうが、使い勝手もいいし、本もすぐに手にとれていいぐらいである。

やはり処分しかない。惜しいものは電子化する。手元にはどうしても捨てられない大事なものだけ残す。そんな壮大な作戦を敢行することにした。

怠け者の私は、そうと決心しても、グズグズ動かない可能性があるので、とにかくまず仕事場を解約、そうして本の雑誌スッキリ隊に連絡をとり、本を取りにきてもらう手はずを整えた。コロナの今、機動力が重要である。ここで逡巡《しゅんじゅん》すればいつまでもこのままいってしまう。まだ機は熟していないと思ったときがそのときだ。

思えば、「本の雑誌」の『絶景本棚』に取り上げてもらった仕事場の本棚なのであった。単行本にいっしょに掲載されていた人たちは、みな立派な本棚を持っていた。なかにはでかい書庫を持っている人もいた。こうして簡単に処分できてしまうような私の本棚など、なにほどのものであったろうか。『絶景本棚』に載るなんざあ身の程をわきまえない所業であったといわざるを得ない。

私は、仕事場の本棚の前に陣取り、片っ端から本を「処分」「電子化」「キープ」の3つのカテゴリーに分類していった。基準は今流行の、ときめくかどうか、だ。

まず1冊手にとってみると、ものすごくときめいたのでキープ。次も結構ときめいたのでこれもキープ。その次を手にとるとこれはもう断然ときめいたのでキープ……って、こらこら、全部ときめいているではないか。

そりゃそうだろう。どれも自分で選んで買った本なんだから。

本棚の3分の1ぐらいまで分類したところで、ざっと数えてみると、
キープ8：電子化1：処分1
ぐらいの割合であった。

アホウか、おのれは。

家にある本を含め、キープを全体の半分以下にするのが目標なのである。というか、そうしなければ家に入らないのだ。減らす気あんのか。

あらためてキープ本を眺めてみる。どれも処分できそうにない。

だがしなければならないのである。ならば基準を見直す必要があるのだろう。たとえときめいたとしても処分すべきラインがあるのだ。それはいったいどういう基準だろうか。

㉖話　ときめきパターンの分類

生活をスリム化するために本を処分する、仕事場も撤収する、と言い続けて幾星霜、ほとんどやるやる詐欺と化していた断捨離計画だが、新型コロナのおかげで時間の余裕ができ、

ついに実行に移すこととなった。

さっそく仕事部屋のワンルームを解約して、そこにあった本を自宅へ持ち込む手筈を整えたわけだが、すべての本は収納できないので、半分ぐらいに減らそうと「処分」「電子化」「キープ」の3パターンに分類しはじめたところ、ときめく本を残そうと考えると、8割がた「キープ」に分類されてしまっていっこうに減らない。ときめくからといって全部残すことはできないことがわかったのだった。

つまり、ときめいても処分、もしくは電子化、という判断が必要になってくるのだ。なので、ときめきの内容によってさらに細かく分類してみることにした。冷静に蔵書を眺めてみると、ときめきパターンとして、おおむね次のような分類ができそうである。

●何度でも読みたい大好きな本
●まだ読んでいないけど面白そうな本
●好き嫌いというより資料的価値のある本
●そんなに興味があったわけではないが、これは読むべきと考えて買った本
●たぶんもう読まないけど思い出の本

●装丁がかっこよすぎて手元に置きたい本
●恵贈いただいたサイン本
●自分の本

これらを今「好きな本」「期待本」「資料本」「勉強本」「思い出本」「飾り本」「サイン本」「自著」と呼ぶとしよう。

まず「自著」は処分してもたいしたお金にならないのでキープとする。「サイン本」については、そのなかにも「好きな本」「期待本」「資料本」などが紛れており、また宛書に私の名前を記入してくれている場合などは処分できない。なので、まずこの「サイン本」の半分ぐらいを電子化することに決めた。

「好きな本」は基本すべてキープだが、なかには単行本も文庫も両方持っているものがあるので、容積をとる単行本は処分とする。『高丘親王航海記』の箱入り単行本は、その装丁がかっこよく「飾り本」としても機能していたのだが、涙をのんで処分。文庫のほうを処分するか迷ったが、そんなことをしていてはいっこうに減らないから英断。

「飾り本」は迷うものが多い。内容はもうそんなに興味ないけど装丁がよすぎるというとき、その本は精神の潤いとして役に立っていると考えられるが、それはもう本ではなくて絵である。「飾り本」はほぼ処分とした。

「思い出本」は難しい判断が必要だ。たまに取り出してなでなでしたりするのである。ちょっとめくって5行ぐらい読んだりする。『ドリトル先生』シリーズなど大人になってから新たに全巻揃えたものもある。これは捨てられないなあ。『新八犬伝』も捨てられない。NHKの写真集『シルクロード』もそうだ。ここ10年以上まったく開いたこともないが、あの番組を見たことで学生時代に中国を旅行し、そのままバックパッカーになったという人生を変えた本であり、手放すのは無理。

本棚を見回してみると案外この「思い出本」が多いことに気づく。中学生のときに読み漁っていたスペオペやヒロイックファンタジーなどの、ハヤカワ文庫、創元推理文庫、サンリオSF文庫が結構ある。そのほとんどはもう記念碑のようなものと化して本棚に君臨しているだけだ。ここはメスを入れるべきかもしれない。

サンリオというだけで持ち続けている本もある。たとえばスタニスワフ・レムの『枯草熱』は必要だろうか。正直、読んだらそんなに面白くなかったのである。枯草熱とは、魅惑的なタイトルだが、なんのことはない花粉症のことなのであった。レムだし、サンリオだし、ということでキープしていたが、タイトルが『花粉症』だったらそうはなってなかったはず。これは処分だ。

当時熱狂的ファンだった『キャプテン・フューチャー』シリーズはどうか。何度も読んでカバーはボロボロ、それをセロハンテープで補修したものだから、今ではそれがパリパリに茶色く固まってかえって汚らしい。悩みに悩んだ末、処分とした。

「勉強本」はどうだろう。たとえば哲学関連の本、さらに風景学、景観学の本も多い。いつか読まねばと思いつつ10年以上手をつけていない本もある。これはいらんのではないか。私ももうアラフィフを過ぎ、何でもかんでも勉強する時間は残っていない気がする。勉強するジャンルは本当に興味のある中心的なものに絞って他は捨ててもいいのではないか。いつかちゃんと読もうと思っていたグレゴリー・ベイトソン『精神と自然』とか、もういいだろう。さんざん探して手に入れた本だけに名残惜しいが、手放すことにする。

「資料本」については手放すというより、これは電子化だ。法政大学出版局の「ものと人間の文化史」シリーズなどは、多少手元に残しつつも大半を電子化。『反射炉』なんて、なんで持ってるんだろう。全然興味ない。興味ないけど、いつか役立つかもしれないから電子化。東洋文庫は迷ったが、佇まいが好きで手放せず。

問題は「期待本」だ。いつか読もうと買ってある本。いつか入院したら読もうと『失われた時を求めて』を揃えていたが、紅茶に浸したマドレーヌのことが書いてあるというので実は萎えている。匂いでいろんな記憶がよみがえるのだとか。スカした本なのではないか。昔のタクシーの排気ガスの匂いだったら共感するが、マドレーヌはなんかイヤだ。名作らしいけれど、もし入院したら『大菩薩峠』のほうを読むことにして処分。まったく読んでいない本を処分するのは、ほんとにアホらしい。いったい何のために買ったのか。なんだかんだで、この「期待本」を手放すのが一番虚しかった。

㉗話 ── 未来の夢を捨てる

コロナが感染拡大して、世間では盆の帰省はやめろだの、旅行には行けだの、でも東京都民は都外へ行くなだの、とんちで切り抜けるしかないような非常事態が続いているが、私のロト7は先々週に1300円当たった程度で通常運行中である。

毎週1枚だけクイックピック（コンピュータ任せ）で番号を選んで買っているが、先日出た数字が、

10、11、12、13、14、25、32

みたいな組み合わせで、そんなの当たるわけないだろ、当たらない数字をわざと出してるんじゃないだろうな、と憤慨した。だが現実には自分で買ってる数字も同じ確率で当たらないのであった。

阿部寛主演の映画『海よりもまだ深く』を観ていたら、主人公は鳴かず飛ばずの作家で、いつも宝くじを買い「宝くじはギャンブルじゃない。夢だ」とうそぶいていた。実に身につまされる。公園のタコのすべり台がなんか好きってところも似ていた。

さて懸案の仕事場の断捨離は順調に進行している。家財道具も本以外はほぼ処分。本も「処分」「電子化」「キープ」の3パターンに分類し、家に持ち込む「キープ」本を半分に減らす作戦が終了した。半分とまではいかなかったが6割ぐらいには減らし、なんとか家に収めたのである。客間だった1階和室には巨大な本棚が2棹《さお》も持ち込まれ、息子の部屋にも1棹置かせてもらったりしたが、入れれば入るものだ。

「処分」本は、本の雑誌スッキリ隊にお願いし持ち去ってもらった。ありがたいことに6万円ぐらいのお金になって生活費に充当された。あわただしく本を分別したので、落ち着いてみると上下巻の上巻だけが残っていたり、処分した記憶がないのになくなっている本があったり、少しばかり混乱が生じていたものの、まあしょうがない。本棚を解体して車で運び、家でまた組み立てたりしてずいぶんな大仕事だったのである。

ここ1、2年仕事場で働く時間が短くなっていたから、できればもっと早く解約していれば家賃が節約できたはずだが、コロナで仕事が減っていなければ、きっとこの引越しはできなかっただろう。そのぐらい手間がかかったのでコロナも少しは役に立ったようだ。

今回は本以外もいろいろと断捨離した。

もはや使っていない液晶テレビやVHSレコーダー、ダンボールに大量に詰まっている謎のコード類、古いパソコンなども市の回収業者に持っていってもらった。

いいお金になったのはカメラ類だ。

うちには、フィルム時代のカメラからコンパクトデジカメ、デジタル一眼など合わせて10台のカメラがあったが、このうち7台を一気に売り払った。フィルムカメラ5台は全て処分。コンパクトデジカメも、海で使える50メートル防水のもの以外は処分。さらに14本あったレンズも半分を売った。

カメラの中古市場のことはよく知らないので、果たしてどのぐらいで売れるかさっぱり見当がつかず、値段がつくのはフィルムカメラのNikon New FM2ぐらいかと思っていたら、

50ミリのNikon単焦点レンズに6000円の値がつき、フィルムの巻き取り機能が壊れていたContax TVSも4500円で売れた。

「壊れてますけど、いいんでしょうか」

店員に確認すると、

「TVSはよくここが壊れるので、買い手も織り込み済みなんですよ」

という話で、壊れていても売れるとは想定外である。捨てないでおいてよかった。結局Nikon NewFM2は1万7500円で買い取ってもらい、なんだかんだで3万円の臨時収入となったのだった。

思えば写真家でもないのにずいぶんたくさんカメラを持っていたものだ。自分は写真が趣味だったのかもしれない。

断捨離したものは、他にもある。このたび思い切って捨てたのは、もう10年以上使っていない山道具だ。

ザイルを使う山登りはもうしないだろうと判断した。沢登りにいつかまた行きたいと思って保存していたが、10年も行かなければ、もはやロープワークのコツも忘れており懸垂《けんすい》下降すら怪しい。渓流シューズも劣化しているだろうし、なにより体力的に無理と考えた。

本当は息子を連れて沢に行きたかったのである。父と子の冒険旅行がしたかった。

北アルプスに初心者でも登れる赤木沢という美しい沢があって、それなら息子も登れるだろうと楽しみにとっていたが、もはや行く機会は来ないと判断した。小学生時代の息子はサッカーにどっぷりハマって時間がとれず、中学になるともはや親との旅行など行きたがらず、そもそも虫が嫌いで山とか全然興味ないと言い始める始末。そこまで自我が発達する前に連れて行けばよかったと悔やんだが後の祭りだ。

断捨離とは、ただものを減らすだけでなく、いっしょに将来の夢も捨てることなのだった。まだこの先いろんなことができると思っていた自分自身に見切りをつけ、選択と集中ではないけれど、ジャンルごとごっそり捨てなければものは根本的に減らないのだ。

昔はカヌーやらテレマークスキーなども持っていたのが、徐々に処分し、とうとう山道具まで手放してしまったのは、それなりに寂しいものがある。ザイルだけは捨てなかったけれど、それは頑丈なロープとして災害時などに使えるかもしれないということで保存しただけである。失われていく未来の夢。

『海よりもまだ深く』で「宝くじは夢だ」とうそぶく主人公は、母親の樹木希林に「男はどうして今を生きないのかしらねえ」と言われていた。今を生きるってどういうことだろう。

㉘話　攻略本を買う

6週連続でハズレている。これまでだいたい月に1回程度は末等が当たっていたが、このところ流れが悪いようだ。

私は毎週ロト7を5枚買っているが、コロナ以降家計の節約のため、いくらキャリーオーバーが積み重なっていても決して買い足さないことを固く胸に誓っている。

だが、このまま何も手を打たないでいるとどんどん感染が広がって、ハズレのパンデミックが起こる可能性がある。そのときになって緊急事態宣言を出しても遅いので、今のうちに超法規的に食い止めておく必要がある。ちょうど今回キャリーオーバーも起こっているので、事態を打開するため、持続化給付ロトを購入することにする。もちろんあくまで限定的な措置であるから買うのは1枚だけである。

というわけで何番を買おうか考えた。

実はこれを書いている時点でロト7では異常な事態が起こっていて、当選ナンバーに**08**が5週も連続で入っている。過去383回分すべてのロト7の当選番号を確認しても、5週連続で同じ数字が出たのは2度しかない。ちなみに出たのは**18**と**15**である。**15**は6週も連続で出た。

常識的に考えて次はもう**08**は出ないだろうと思うが、ここで注目したいのは、**18**のときも**15**のときも、一度連続が途切れてから、1、2週してまた1度だけその数字が出ている点である。つまり、次回**08**が出なければ、その次もしくはそのまた次の週に**08**が入ってくる可能性が高いということだ。これは覚えておこう。

これまで私が確認したロト7の鉄則は、まず7つの数字のうち奇数を多くするべきこと、そして前回出た7つの数字のうち最低1つは次また出ること(が多い)、ぐらいしかないが、ひょっとしたら他にも何か傾向があるかもしれない。これまで数字選びは我流でやってきたけれど、他の人たちはどうしているのか今回少し参照してみようと思う。

ネット上にはたくさんのロト的中法や予想アプリがある。的中法とかアップしてるぐらいだからアップ主は2億ぐらいは当てたことあるんだろうな、とツッコミたくなるけれど、そのへんは私とは感覚が違っていて、1等ではなく3等でも4等でもいいからコツコツ当てていくスタンスのようだ。

それでいいのならある程度効果は期待できるかもしれない。

そうしたサイトで指摘されていたのは、たとえば7つの数字の合計を95～170に収めよとか、ひとケタ台、10台、20台、30台の数字をまんべんなく選んではダメで、どれかひとつはまったく選ばないようにせよとか、私でもなんとなく感覚的にわかっていたような選択法であった。

さらにもっと合理的な深い方法はないか、出版されている攻略本を書店へ見に行ってみた。本になるぐらいだから、ネットより説得力があるだろうという大雑把な判断である。いったい何が書いてあるのだろうか。

近所の大型書店へ行ってギャンブルの棚を見ると、ロトという札が立っていて、そこに『ロト7五行10億円超当たりボード』とか、『ロト7九星×六耀《ろくよう》×10億円ボード』なんて本が並んでいた。ボードってなんだろう。めくってみると、乱数表みたいなものがドカドカ並んでいて、穴の空いたディスク（これも本についている）を抽選日の九星から選んだ表に当て、その穴のところに出てきた数字を買えという不思議な選択法がとられていた。んんん、説得力を感じない。九星とロト関係ある？

もう少し科学的というか統計的にきちんと分析している本はないか探す。

それにしてもロトの攻略本はどれも文字がでかい。そして本文も少ない。きっとあんまり書くことがないのだ。そのへんが競馬など他のギャンブルと違うところだろう。ではどうやって一冊分の分量を確保しているかというと、表である。過去の当選番号の一覧であったり、よく出る数字のランキングであったりするが、いずれにしてもほとんど表で埋め尽くされているといってよかった。

そんななか『ロト7を攻略する最強メソッド』という本をパラパラめくってみると、前回出た数字と同じ数字が出る確率が高いと、まさに私の考えと同じことが書いてあった。

さらに新鮮だったのは、相性のいい数字の一覧があったことだ。たとえば**01**という数字は**11**といっしょに出ることが一番多いとある。なるほど。相性については考えたことはなかった。そしてそこから、ある数字を選んだら、残りの6つの数字はこのなかから選ぶといいという表が展開していて、これを少し勉強してみようかと思ったのである。

それでこの本を持ってレジへ向かったところ、レジには2人並んでいて、すぐに順番がまわってきそうだった。

「よっしゃよっしゃ」

私は回れ右して棚に戻った。

戻ったのは、急にものすごく恥ずかしいという思いが襲ってきたからだ。

ロト7の攻略本を買うのはフランス書院文庫並みに恥ずかしい気がする。なぜだろう。

試しにもう一度レジへ向かったところ、やはり店員さんの顔が見えてきた途端に、ものすごく恥ずかしいの風が吹いてきて、私は棚へ押し戻されたのであった。

恥ずかしいだけではない。買うのが癪《しゃく》である。私の胸の内なる何かが買いたくないと抵抗している。この本に1500円出すなら、ロト7が5枚買えるぞという声がする。自分は今アホな買い物をしようとしているのではないか。

迷ったもののハズレのパンデミックを防ぐためだ、仕方ない、こういうときは他の本もいくつか見つくろって抱き合わせで突破するエロ本あるある作戦だ。というわけでエロ本じゃなくてロトだけど、古代エジプトの本などをいっしょに手にとり、レジへ向かったのである。

㉙話　最強メソッドの真実

マイ・ロト7史上初めての攻略本を買ってきた。『ロト7を攻略する最強メソッド』（山内健司著／三恵書房）という本である。

あまたある攻略本のなかからこれを選んだのは、家から西の方角で買えだの、黄色い財布を持てだの、笑顔の売り子から買えだの、九星をもとに数字を割り出せだの、そういう根拠の薄弱なオカルト的な内容がまったく書いていなかったからである。西の方角が当たるなら、日本最東端の売り場の立場はどうなるのか。宝くじ公式サイトの売り場検索で調べたら、北海道のイオン根室店にある売り場がどうやら全国でもっとも東にあるようだ。それより東にいったいどれだけの人が住んでいるというのか。

そうではなしに、もっと数学的に真っ当な根拠、統計学上こうなるという確率的な話が知りたい。

そういえば数号前（２０２０年9月号）の「本の雑誌」で高野秀行さんが、ロト７に当たる確率は１０２９万５４７２分の１であり当たるわけがない宮田頭おかしい説を唱えた後に、だが量子力学的にはそれもありで、無数に分岐した並行世界のなかから当選した世界に進めばいいという理論を紹介していたが、忘れてはならないのは、まず私は5枚買っているということ、それだけで確率は5倍にはねあがっているのである。

さらに毎週買っているわけだから量子力学的多重世界には、今週当たる私が５人いるだけでなく、来週当たる私も５人いて、その次の週に当たる私も５人、これが死ぬまで続くのである。

それだけではない。ほかにも気まぐれにロト6に手を出して当たる私、いまだ買ったこともない年末ジャンボが当たる私、なかには毎週1等が当たり続けていい加減迷惑なので知人友人にお金を配りはじめる私なんかもいる可能性があるわけであって、多重世界においては一生どれひとつ当たらない私に比べてはるかに多種多様な高額当選する私が繁殖しており、もはや当たらない私を探すほうが大変なぐらいである。

このように確率で考えればいずれ当たるのはほぼ確実であり、玄関に黄色い置物とか置く必要はまったくないのだ。

『ロト7を攻略する最強メソッド』では、過去の当選番号の並びを見て、今回出る可能性が高そうな基軸数字をひとつ選び、そこからそれと相性のいい数字を組み合わせていく方法がとられていた。出現確率が高そうな数字の出し方は、まず縦軸に抽選回、横軸にナンバーを書いた一覧表をつくり、毎回当選した7つの数字に●をつけていく。そこで反復して出ている数字、法則性のある並びなどを見つけるのである。

それはまあわかったが、仮にそういう並びがとくにないとき、《01から37まで、左右10段ほど斜め上に斜線を引き、左右の斜線が交差するかどうかのチェック。交差した数字を予想の対象数字とします》とあって、何を言っているのか意味がわからない。その後は当選番号一覧や、数字別出現回数一覧、数字別相性数字表などが続いて参考になるのだが、ここで唐突にそれらの数字が全部入った「ロト7プレミアマシン」なるタブレット2万9800円の宣伝ページになって面食らった。さらに200円払えばその都度WEBで予想サービスが受けられるとか、だんだん販促モードになっていってそのまま終了。

最強メソッドそれだけ？

その「ロト7プレミアマシン」で各自データ分析せよということであろうか。

そんな出費をするぐらいなら、その金でロト7を私は買いたい。

一方で、軸数字を決めたら、その数字と相性のいい数字を選べる買い目表というのが載っていて、根拠は不明ながら役に立つかもしれないので、それを頼りに数字を決めてみることにした。

前回書いたが、先月まで**08**が5回連続で出るという滅多にない事態が起こっており、これまでのデータ上、長く連続した数字が途切れたときは、2、3回後にまたその数字が一度だけ出るという法則に従い、**08**を軸数字に据えて、この買い目表をもとに7つの数字を選んでみたのである。それが、

06、**08**、**12**、**24**、**25**、**34**、**37**

だ。しかし、そう易々と載っている通りの数字が出るとは思えないし、これでは偶数が多過ぎるので、ひとつ変えて、

06、**08**、**12**、**24**、**25**、**33**、**37**

を2週連続で購入。結果どうだったかというと、その後1ヶ月、そもそも**08**が出なかったのだった。

5週目にようやく出たが、数字の並びは、

01、**06**、**08**、**10**、**18**、**21**、**32**

で、**06**しか合ってないうえに偶数が5つもあったし、そもそも買ってないのであった。

ただ、こんなふうに書くとこの本は役に立たないと言ってるようだが、実はこの縦軸に抽選回、横軸にナンバーを据えた当選数字分布表が結構気に入って、それを眺めながら匂いそうな数字の並びをついつい探っている自分がいる。

たとえば最もよく出るといわれる数字**15**が、噂どおり定期的安定的に出ていることや、**08**もかなり頻出していること、最近**22**が熱いこと火の如く、**32**の台頭著しきこと風の如し、といった傾向が一目瞭然なのである。逆に**02**の静かなること林の如く、**12**の出ざること山の如し、って言ってみたかっただけだけど、そんな傾向も見つかった。

その程度の発見では数字を選ぶにも心もとないとはいえ、一覧表を見ているとどこかにヒントが隠れている気がしてならない。私は実は大金が欲しいのではなく（いや欲しいが、それだけが目的なのではなく）、こうやって数字をずっともてあそんでいたいのかもしれない。自分で数字を選べない宝くじに興味が持てないのはきっとそのせいだ。

㉚話──〝億り人〟の体験記

本連載の「私がロト7に当たるまで」というタイトルは、ロト7に当たった私がこれまでの人生のこし方や、どのようにして当てたかその方法を書いているというわけではまったくなく、まだ当たってない私が当たるまでロト7買うぞ、それまで書くぞという所信を述べているのであって、億り人になるのはこれからである。もしくは将来当たった段階でそうなるまでの軌跡をふりかえるためにあらかじめ書いておくメモのようなものと言ってもいい。

逆に高額当選者がそのこし方を書いた本があったら私が読みたいぐらいだと思ったら、書店でまさにそのものズバリの本を発見した。

『独身・アラフォー・貯金なしだった僕が宝くじで6億円当たってどうなったか!?』（唱田《うただ》士《と》

始矢《しや》著／主婦の友インフォス)。

どうやって当てたか、ではなく、どうなったか、というどころがいい。どうなったんだ。

それで読んでみようと思ったら、以前買った『ロト7を攻略する最強メソッド』同様、レジに持って行くのが恥ずかしく、かつこの本を買う金でロト7が何枚買えるだろうかという合理的な判断も働いて、買わずに帰ってきてしまった。帰ってきたものの、やはり6億円も当たってどうなったのか気にかかる。やはりあの本を読もう、ということで著者には申し訳ないけど安い古本を買い求めて読んだのである。

書店でチラッとめくってみた感じでは、高級車のカイエンだのクルーザーだのの写真が載っていたので、ああ、人生を持ち崩していくありがちな「高額当選して不幸になる」パターンだと思ったら、冒頭からわりと冷静な筆致で、たかってくる家族への不満とか、なんでも正直に書いていて面白い。

著者は40歳間近の独身男性。両親とともに実家暮らし。高校受験に失敗し最終学歴は中卒だが、独自にプログラミングの勉強をしてプログラマーの派遣社員として働いていた。しかし、本人いわく「理不尽な理由」でクビになる。

ここで、この著者が変わっているのは、突然北へ旅立つのである。

会社をクビになった機会に自由を謳歌しようと思ったのかもしれないが、1ヶ月後に6億円当たったときには預金通帳に400円ちょっとしか残っていなかったというから、貯金もないのに何やってんだとつっこまずにいられない。

本人によれば、それは運気を上げるための行動だったらしい。この著者、趣味で方位学をやっていたのだ。

出た、方位学！

西へ行くと金運があがるとかいうあれだ。方位だけでなく、泊まるホテルの部屋は男なら下のほうの階、女なら上のほうの階が風水的にいいとか、同じく高額当選した知人のAさんというのが出てきて、その人と手をつないで宝くじを買った人のなかから1000万以上の当選者が10人も出たとか眉唾《まゆつば》くさい話も書いてあったりする。んんん、どんどんオカルト臭がしてきたぞ。

だが今はそこは問うまい。

とにかく著者は弘前《ひろさき》を旅して東京に戻り、さらに2週間後今度は福岡へ向かうのである。

いいのか、そんな金使って。

そして福岡でスポーツくじのtotoBIGを発売最終日の午後に10枚購入。福岡に行ったのは方位がよかったから。著者に言わせれば、さらにこの発売最終日の午後に買うのも肝心なポイントらしい。

何の迷信だよ、と言いたくなるけど、それで見事6億円当てたのだから迷信じゃないのかもしれない。

福岡で買った10枚のくじを東京に戻って渋谷の宝くじ売り場で照会し、それが6億円当たっていることが判明して震える手でレシートを受け取ると、誰かが様子を見ていたのではないか、奪われたり落としたりしないかと変な汗が出て、家までの道が死ぬほど遠かったという。衝撃が大きすぎてうれしいという気持ちが湧いてこず、むしろぐったりしたらしい。家で家族に報告するも信用されず、というのも昔からウソばかりついていたからだそうで、そのへん正直に書いているのが面白いが、とにかくなんだかんだで1ヶ月ぐらいひきこもりになってしまうのであった。

興味深いのはここである。

なぜそこでひきこもるのか。

本人いわく、とてつもない大津波が襲ってくるような、自分ひとりで受け止められない大自然の恐怖を覚えたと。

少しわかる気がする。何しろ方位で運命が決まるなら、今後うっかり間違った方角に旅立ったり転居したりしたら死ぬかもしれないし、仮に方位は偶然と考えても、ものすごい運に圧倒され、虚無の奈落をのぞきこんだような気持ちになって、精神に不調をきたすというのはあり得る気がした。坂口安吾のいう〝生存それ自体が孕んでいる絶対の孤独〟のような心境というか。

んんん、ロト7で10億とか当たるのがちょっと不安になってきた。そのときに備えて、私も今のうちに虚無を受け止める練習をしておいたほうがよさそうだ。私が打ちのめされる姿を見たい人は、まず1000万円ぐらいから突然私の口座に振り込んでみてほしい。金額が大きいほどダメージが大きいと思う。

著者はひと月ぐらいして落ち着き、そこから阿呆のように散財する日々がやってくるところはお約束。その後の経緯は各自読んでもらいたいが、最終的に著者は改心し、投資で資産を増やすなどして今は磐石のようだ。

著者は方位を参照せよととにかく強調する。そのほか、くじは青い封筒に入れ北西の冷たいところに保管とか、掃除がいいとか、徳を貯めるとか、はいはい、ああそうですか。とか混ぜ返しながらも、この本を買っているところに自分の弱さを感じなくもない。

㉛話　新潟でロト7

前号でtotoBIGで6億円当てた男の著作『独身・アラフォー・貯金なしだった僕が宝くじで6億円当たってどうなったか!?』を読んだ話を書いたが、この著者は方位学に則り福岡まで行ってくじを買っていた。

方位学ってなんだろうか。

本には九星ごとの月別吉方位が載っていたので、九星占術と関係があるらしい。

九星は生まれ年で決まっていて、私は一白水星なのだが、それで運命が決まるとすれば同級生はみな同じ運命ってことになってとてもつまらない。血液型占いでも星座でも運命のタイプが4種類とか12種類しかないのが面白くないが、九星は9種類しかないうえに同級生がみんな同じって、そういうのは占いとしてどうかと思う。もうちょっとカスタムに運命を決めて欲しい。だが、その九星の方位を参照して実際に6億円当たった人がいるなら、私も一時的に信じてみるのはやぶさかではない。

B型や山羊座などと違ってなじみのない一白水星だが、この機会に調べてみた。いい方位はその年、その月、その日によって変わり、２０２０年の一白水星は概して北と南東がいいようだった。さらに今年の11月でみると、北と南がいいとなっている。ということは答えは、北だ。北へ行って買ってみようではないか。

６億円の著者唱田氏によれば、方位はなるべく距離が遠いほどいいらしい。北であれば、家から北へできる限り遠くまで移動して、そこで1泊以上したうえで、くじの発売最終日の午後に買うのがベストとのこと。んんん、めんどうくさい。都内で北にある売り場をテキトーに探そうと思ってたら、そんな甘いもんじゃないのだった。

できる限り北ってどこだ、ロシアか？　ロシアにロト7売ってるだろうか。売ってないと思う。売ってないし、そもそもコロナで外国には行けないのだった。著者も福岡で買って当てているわけだから、そこまで遠くなくてもいい。となると北海道か。

あらためて地図で調べたところ、自宅から北海道は北ではなく北東に当たり、厳密に北となると新潟付近になるようだった。

行くか新潟。

実はちょうど偶然新潟市内に行きたい場所がある。袋津《ふくろづ》といって路地が迷路になっている町があるとネットで読んだのだ。そういう場所はなるべく行きたい。袋津の迷路を見にいくついでに新潟でロト7を買ってこようではないか。

ロト7の発売日は金曜なので前日の木曜には新潟入りし、ホテルで1泊して袋津を見物した後、午後にロトを買うことにする。ちょうどGoToトラベルで、チケットも安く予約できた。

せっかく遠出するなら先の分までいっぱい買っておきたいけれど、発売最終日に買うということは、その週の分にしか効き目はない。買うのは今週分3枚だけにする。たった3枚のロト7を買うためにわざわざ新潟。自粛していたほうが世のため人のためになるのでは？と思いながら、どの数字を買うか検討した。

それにしてもロト7は自分でナンバーを選ぶのである。何もわざわざ遠くに行かなくてもどこで買っても同じではないか、という疑念が浮かぶ。浮かぶけれども6億円当てた唱田氏が買ったのもtotoBIGで、どこで買おうがいっしょのくじである。どこで買おうがいっしょのものをわざわざ遠くで買うところに意義があるにちがいない。

ならば自分で数字を選ぶのではなく、機械任せでランダムな番号を買うクイックピックがいいのではないか。それならば買う場所と時間によってまったく違う数字になるだろうから、わざわざ最終日に新潟で買う意義がちゃんとあることになりそうだ。

そこで2枚はクイックピックで、1枚だけ自分で数字を選んで買うことにした。選んだのは、

01、**04**、**10**、**17**、**27**、**31**、**32**

だ。前週に**05**が出ていて、その前に**06**、その前に**07**が出ていたので、その流れでいけば今週は**04**が出ることが予想される。そこで**04**を軸に選び、奇数が4つ以上、そしてどこかで並びの数字を入れるという鉄則に従った。

並びの数字というのは、**31**、**32**の部分で、ロト7では当選番号に並びの数字が入っていることがよくあるのだ。前回は**01**と**02**、その前は**22**と**23**、その前は**30**と**31**のほか、**14**と**15**も並んでいた。その前はなかったが、もうひとつ前もその前も並びの数字が入っていた。結構重要なポイントなのだ。

このようにして私は新潟でロト7を3枚購入。

万全。

という文字が脳裏をよぎる。

かつてない完璧な態勢で発表を迎え撃った私だ。

そして買ったのは発売最終日だから、その夜には当選番号が出た。わざわざ2泊した駅前

のビジネスホテルで深夜私は泣いたのである。当選番号は、

02、03、05、08、16、20、34

であった。

04だけ飛ばされとるがな。しかも奇数は2つしかないし。

なんのこっちゃ。

いろいろ間違っているぞ。クイックピックで購入した2枚も末等にすらかすっていなかった。

何がいけなかったのか。3枚とかケチったのがダメだったのか。

『独身・アラフォー・貯金なしだった僕が宝くじで6億円当たってどうなったか!?』によれば、ホテルは男性なら低い階に泊まったほうが運気がいいとあった。私の部屋は10階だった。

それか。方位だけでなく縦方向も気にしないといけなかったのか。それ、いったいいつから決まってんだよ。九星占いが生まれた時代に高層ホテルなんかあったのかよ。

納得いかないのである。

㉜話　高島易断に頼る

前回、方位学に則ってtotoBIGを買い6億円当てた人の本を紹介したが、方位学はどうやら九星占術と関係があるようだった。九星というのは五黄土星とか七赤金星とかいうあれで、中国由来の五行思想にも関係が深い。そして日本で九星を使った占いのなかで、もっとも有名なのが高島易断だろう。

年末年始になると、書店の店頭にやたら並んでいる白地に赤と黒の本があって、あれがまさしく高島易断の暦本だ。私もこれまで書店で何度も目にしていたものの、手にとったことは一度もなく、今回方位の話が出るまで頭の片隅にも浮かんでこなかった。この機会にどんなものか一度見てみようと思う。

ところが、書店に行くと、これが何種類もあって面食らった。『令和三年神宮館高島暦』とあったから、これだなと思って買おうとしたところ、隣に『令和三年神宮館開運暦』というタイトルがちょっとだけ違って見た目がそっくりな本が並んでいる。とっさに、ああこれは本家とか元祖とか互いに主張しまくっている老舗の八ツ橋店みたいな状況かと勘ぐったら、どっちも版元は同じ神宮館で、？と思ったのである。

パラパラめくってみても、中身はほぼ同じ。隣を見ると、今度は『令和三年神宮館運勢暦』があって、運勢暦？　開運暦と似たような意味じゃないか。

さらに落ち着いてよく見れば、『令和三年神宮館九星暦』『令和三年神宮館家庭暦』『令和三年神宮寳暦《ほうれき》』って、一見同じようでひとつひとつ違う表紙が並んでいて、全部が全部、神宮館なのだった。

なぜそんなに分かれているのか中身を丁寧に比較したところ、掲載されている項目が少々違っているようだ。あと決定的な差は値段。懐具合に応じて最低限必要な項目が載っているものを買えばいいということか。

ここまで細分化する理由を聞いてみたい気がするが、今はこんなところでグダグダしている場合ではない。私はロトを当てるために来ているのだ。

いったいどれを買うべきか。一番高いのは『高島暦』でこれには占いのほかに命名法まで載っていた。ロトに命名法はいらないから二番目に高い『令和三年神宮寳暦』を選ぶ。タイトルもちょうどいい。寳暦である。宝くじやロトの参考にするならこれしかないというタイトルではないか。

それで家に持ち帰って最初から読みはじめたところ、専門用語がどかどか出てきて、いきなり挫折しそうになった。

なんじゃこの複雑な占いは。

だが、ここで挫《くじ》けてはせっかく買った寳暦が無駄になってしまう。落ち着いてよく読んでみる。

まず八将神なる八つの神があり、それがどの方角に来るかでその方角の吉凶が変わるとある。

八将神？　この時点でもう初耳だ。

方位は二十四あり、たとえば東北方向は丑艮寅に3分割されていて、この3つを表《おもて》鬼門《きもん》と呼ぶ。西南の未坤申が裏鬼門にあたる。この二十四方位のどこにどの八将神がくるかで占うわけなのだが、他に大金神《だいこんじん》、姫金神、巡り金神があって、これがお金の神さまなのかと思ったらそういうことではないらしい。加えて暗剣殺だの、歳破など悪い方位があったりする。

これに日柄の良し悪しを示す先勝、友引、大安などの六輝《ろっき》などを加味し、それなら馴染みがあると思ったのも束の間、一粒万倍日だの三隣亡《さんりんぼう》だのはなんのことか。日柄にはさらに天球を二十八区分した星宿《せいしゅく》があって、まだ十干《じっかん》十二支に関連して納音《なっちん》というものもあるらしい。

俳人の山頭火とか、井泉水《せいせんすい》という名前はこの納音からとられているという。

すでに手に負えない感満載だが、他にも中段十二直といわれる吉凶日があったり、根拠のない迷信と断りつつ、大みゃう、母倉日《ぼそうにち》などという吉日や、十死日《じつしび》、凶会日《くえにち》などの凶日が紹介されていたりして、複雑怪奇とはこのことである。

全部理解していたら今年が終わってしまいそうなので、ざっくり読んで次へ進もう。

今年の世相を占う「令和三年辛丑《かのとうし》年時運占断」というページがあり、国運予断として、上が潤えば下までその恵みが流れてくると書いてあった。昔誰かが言っていたトリクルダウンのことだろうか。増税や値上げなど不安を感じても、結果的には国が繁栄し自分にも還元されるので寛容さが必要とか。本当か？　いきなり鼻白む。

日本経済については、苦しい時期だが学ぶには吉とのこと。そんなの誰だって言えそうな気がする。株価は誠実で堅実な企業が期待に応えてくれるだろう、って、何かいいこと言ってるようで当たり障りのないことしか言ってない。

だめだ。国のことはいいから自分のところを読んでみよう。

一白水星。今年は「金銭面では、金運も上昇し収入も増えます」とある。いいではないか。

さらに365日すべてに一言コメントがついていて、2月4日に「西の方位に出かけて金運祈願を」、5月30日には「勝負運やくじ運が強くなる吉日。精神を集中させて取り組み達成」と書いてあるではないか。

ここだ。この日に買えばロト7が当たるのだ。で、5月の吉方位を見ると、吉方なしとのこと。どこで買えばいいかわからない。これはどこにも出かけずネットで買えという意味ととらえることにしよう。精神を集中させてとあるから、これは機械任せではなく自分で番号を選べってことかな。

よし。ずいぶん回り道をしたが、ようやく2億円ゲットできる日が具体化してきた。果たしてこれは本当に当たるのか。ためしに家族の運も見てみると、いつも健康な娘が突然体調を崩して病院に行った日に「心身ともに元気に過ごせる一日に」とあった。だめじゃん。

㉝話 ― 〝持ってない男〟の当たり歴

ロト7は今年に入ってついに400回を超えた。「本の雑誌」もこの間450号が出ていたけれど、ロト7は週1ペースだからもうすぐそれも抜くだろう。

その400回のほぼ全部の回で5枚以上買って、いまだ4等より上が当たったことがない。当たらなすぎではないか。

昨年の年頭に、とあるネット上の占いで2020年運のいい誕生日ランキングで1位だった。366ある誕生日のなかで1位。これはいよいよロト7くるかと思ったのである。

しかし蓋を開けてみれば末等以外ひとつもかすらず、おまけに日常生活においてもこれといって特筆すべきこともなく、というか自分だけではないがコロナでつまらない日々を送った1年だった。

誕生日運1位ってのは、あれは何だったのか。もしかして精一杯の運であれなのか？　それとも本来は恐ろしい事故や病に見舞われるはずだったのが、強運のおかげで回避したとでも？　そんなの何とでも言えるぞ。

などとふがいない1年に憤っていると、占いなんか真に受けてる時点で人生ダメ、と妻に冷たく突き放された。さらに本の雑誌の杉江さんには「宮田さんて実は持ってないんじゃないですか？」と痛いところを突かれたりもしたのである。

んんん。たしかに400回以上ものロト7をことごとく外しているので、そう言われても仕方がない。私は持ってない男だったのか。

思えばこれまでの人生でくじに大きく当たった記憶がない。ロトに限らず宝くじ全般で最高に当たった額は1万9000円。競馬はビギナーズラックで1万2000円当たったことがあるが、当たったのはそれで全部である。年賀状のお年玉くじだって切手以外当たった経験がない。

なんでも杉江さんはチョコボールで金のエンゼルが出ておもちゃのカンヅメをもらったことがあるという。おもちゃのカンヅメが当たったなんて人生勝ち組ではないか。私は銀のエンゼルを2枚ぐらい集めたところで終わってしまった。銀のエンゼルは5枚集めないとおもちゃのカンヅメはもらえないのである。

そうだ、ガリガリ君なら当たって、もう1本もらったことがある。しかしそんなのは誰でも経験があるだろう。そういえば缶ジュースの自動販売機でもう1本が出たこともある。1回だけだが。

あとはそうだな、イトーヨーカドーの福引で霜降り牛が当たったぞと思ったら、妻に、あれを当てたのは私、とすぐさま指摘された。

職場のビンゴ大会なんかでも、たいてい最後のほうに揃って、参加賞みたいなものしかもらったことがない。

いや、思い出した。くじではないが、じゃんけん大会でめちゃめちゃ勝ったことがある。あれは職場のクリスマスパーティーだったか、営業部のメンバー200人近くが参加した大規模な大会だった。500円玉をひとり1枚ずつ握りしめ、じゃんけんをして勝ったら相手の500円がもらえるのである。で、次は500円玉2枚で勝負して倍々に増えていき、最後の勝負でも勝って10万円余りを手にしたのだ。これはすごい強運ではないだろうか。

ただ、その後みんなで飲みに行って私のおごりということになり、儲かるどころか持ち出しになってむしろ損したのだった。強運ではなくて、体よくだまされたのかもしれない。

結局、私は持ってない男なのだろうか。

否。断じて否。答えを出すのはまだ早い。

先日ネットニュースで、カナダの主婦が夫が夢で見た番号を20年買い続けてついに62億円が当たった話が出ていた。20年である。私はまだ8年ぐらいであり、夢に何の数字も出てこないのは気になるけれども、本番はこれからと言える。

そういうわけで引き続き買い続けるつもりのロト7だが、このところ思うのは、コロナを経て世の中捨て鉢になってきているのではないかということだ。

コロナ前は、誰が言い出したのか忘れたけれども、長い老後に備えるには2000万の貯金が必要という予測が話題になっていた。しかし今ではそんな話はさっぱり聞かれなくなった。私自身も2000万蓄えるどころか、生きていくために今ある貯金を取り崩す必要がでてきたぐらいだ。自分はそんな事態にはなっていないという人は幸いである。

会社が倒産したり、店がつぶれたり、職場を解雇されたりして、遠い将来のことなど考える余裕がない人が増えている。

その一方でちょっと考えると逆ではないかと思う現象も進行している。企業が早期退職者を募集するとたくさんの人が応じるというのだ。この状況下で早期退職なんかに応じて大丈夫なのだろうか。行き先はあるのか。

つまりは、働き方を見直そうとみんな思いはじめたということだろう。この先会社に残ってもどうなるかわからないし、もうこれ以上会社に振り回されるのはごめんだと、そういう考え方が広まってきたのである。

しばらくは失業保険や貯金でなんとかしのぎ、そのあとは自分の力でなんとかやってみようと。そうして一発逆転を狙うか、あるいは細々とでいいから自由にやっていこうと。私がフリーランスになったときとまったく同じ考えである。

そのとき、自分が少々捨て鉢な気分だったのを思い出す。なんとかなるだろ知らんけど、と。

すなわちそれは、将来が見通せないから考えるのをやめたということでもあるが、そうやって先のことで悩むのをやめてしまうと、人生は動き出す。いいことか悪いことかはわからないが、とにかく動き出す。

おお、これからは何でもできる、自由だあ！　と瞬間最大風速的に盛り上がるのである。

その先は天国なんだか地獄なんだかわからない不思議の道が続くわけであるが、もしその結果困窮してしまったなら、そのときは先達である私のロト7人生を参考にしてほしい。

㉞話　史上最強の数列

息子がこの春高校を卒業し、大学生になった。合格発表の時は緊張したのである。

合格発表といえば、私の頃は朝にその学校まで出かけていって、張り出された一覧のなかから自分の受験番号を探すものだったが、今はパソコンやスマホで確認できる。大学のホームページへいって自分の受験番号と暗証番号を入力し、ポチッと押した瞬間に、なんの前触れもなく、まさに前触れがないという表現がふさわしいほどに、いきなり「合格」とか「不合格」という文字が目に飛び込んでくるのである。まったく容赦がない。

押した0・5秒後には人生が分岐する重大なポチッ。当然というか案の定というべきか、このポチッがなかなか押せないわけである。息子もなかなか押せなかった。

考えてみると、大人になってからそこまで緊張する事態はそうそうないように思う。気になる影が映ってますねと言われたあとの精密検査の結果を聞くときぐらいか。そのほかたとえばプロポーズとどっちが緊張するかといえば、受験のほうではないか。まあ、そこは人によるかと思うが、なんであれ、受験か精密検査かプロポーズかってぐらいの人生の一大分岐点である。

息子はすべり止めを何校か受け、すべり止めのはずが不合格だったりして、ふるえながらポチッとして「不合格」だったときの悲しい表情は、不憫《ふびん》で見ていられなかった。

学校によっては「合格」「不合格」という文字が出るのではなく、合格者番号の一覧が出て、自分の受験番号を探すパターンもある。これもまたスクロールする指が重い。数字が途中どーんと10人分ぐらい抜けてたりして、とても自分の数字がある気がしない。

YouTubeで「合格発表」で検索すると、たくさんの動画が出てくる。受験生が自分の合格発表の瞬間を動画にしてあげているのだ。そんなものをあげるのは受かった人間だけだろうと思ったら、落ちた動画もたくさんあった。発表を確認する場面をただただ映しているだけの動画ながら、受験生の震える声やためらう指、そしてがっくりと肩を落とす様子やため息、未練、嘆き節、あるいはうれし泣きや狂喜乱舞など、さまざまなドラマがある。よくもそんな瞬間を録画しようと思うものだと感心すると同時に、人生が垣間見えて面白いので、つい見入ってしまった。

幸い息子は最終的に志望校に受かり、親としては胸をなでおろしたのだが、合格後に息子の受験番号を眺めていると、しみじみと胸にくるものがあった。合格した受験番号は、数の並びも優しい感じがする。一方で不合格の番号は数字が他人行儀で冷たい。親しいほうの数字は、まるで躍りだすかのように自然と1ケタもしくは2ケタの数に分解され、8つのナンバーになって浮かびあがった。

8つの数字が私を呼んでいる。そんな気分だ。

問題は、ひとつ余計だということだろう。数字は7つでなければならない。しかしどう分解しても8つ以上になってしまう。数字の神さまも春の陽気でどうかしてしまったんじゃないかと思ったが、神さまはそういう半端な啓示はしないはずだ。この8つにはちゃんと意味がある。どう解釈すればいいか。

と頭を抱えていると、不意に閃いた。神さまはべつにロト7の数字を表したかったわけではないのではないか。ロト7のことを考えすぎるあまり、私がことの本質を見逃しているのではないだろうか。

ロト6かも。

ロト7で選べる数字は最大が**37**なので、仮にたとえば受験番号が4132だった場合は、**04**と**13**と**02**、もしくは**04**と**01**と**32**という3つのラッキーナンバーが得られるが、ロト6なら最大**43**までの数字から選ぶことができるため、4132であれば、**41**と**32**の2つの数字に絞れるのである。さらに合格した番号のなかから、第一希望、第二希望だけを取り出して並べてみると見事全番号を使って6つの違った数字を選ぶことができた。

間違いない。数字の神さまは今回はロト6を買えと言っている。

ロト6は現時点でキャリーオーバーはなく、1等が当たっても最大で2億円しか期待できないが、それでも当たらないよりずっといい。というわけで、今わが家でもっとも来ている数字を余すことなく使ってロト6を1枚だけ購入した。

04、**09**、**10**、**30**、**36**、**40**

わがロト史上最強の数列である。なんといっても合格という啓示があったのだから、当たらないわけがない。

そうして今2億円を待っているところであるが、待っている間、合格発表についてもう少し語りたい。

合格発表を見ていると、これらの受験番号の校正というかチェックする側のことをふと考えたりしないだろうか。

ひとつでも数字を間違っていたら、大変なことになる。

当然間違いがないか慎重に入力しているはずだが、どれだけ念入りに入力してもどこかで誤字脱字が起こるのがこの世界の常である。キリンラガーだって缶ビールの表記でLAGERをLAGARと堂々と間違えたぐらいだ。受験番号はどれも似たような数字であり、それを並べておいてミスが起こらないほうがおかしいのではあるまいか。

記入側の入力ミスのせいで、受かってるのに落ちたり落ちてるのに受かったりした学生はいなかっただろうか。人生を左右する大切な数字だ。広告の電話番号ミスどころの騒ぎではないぞ。過去何十年にもわたって何万、何十万いや、何百万もの合格発表が行なわれたはずだが、それらすべてに不備がなかったとしたら、ものすごい偉業と言える。人間本気で校正すればできるのだ。

と人類の校正力に感動したところでロト6の発表があり、確認すると、宮田家渾身の1枚は、末等にもかすっていなかった。ロト7でも6でもなかったようだ。啓示を出す側は、何の数字なのかわかるよう、もう少し配慮して欲しい。

㉟話 「宝ニュース」と令和の当選者像

匿名の読者の方から、参考に、と「宝ニュース」なるものを送っていただいた。ありがとうございます。

「宝ニュース」は、ミニコミ誌のようなもので、平成8年3月15日第一勧業銀行宝くじ部発行とある。そんなものが発行されていたとはまったく知らなかった。みずほがまだ第一勧銀だった頃だから、私がロトに目覚める前である。「宝ニュース」にはその月の当選番号のほか、宝くじ「幸運の女神」の最終審査会の様子、ナンバーズ当選者の分析、読者の川柳、時効間近の当選番号などが載っていて、翌月には時効が来るのにまだ換金していない高額当選券が16枚もあることがわかる。

気になったのはやはり当選者の分析だ。このときはまだロトがなく、ナンバーズの5万円以上の当選者にアンケートをとった結果が載っている。5万円ぐらいではそんなに喜べないが、それは今は置いておいて、当選者には毎週5枚ずつ買うという人が一番多いようだ。私とまったく同じである。数字選びはひらめきでという回答がもっとも多かったが、まあそりゃそうだろう。

ふんふんと頷きながら読んでいくと好きな数字について質問してあって、ずっこけた。好きな数字は1位7、2位3、3位8で、逆に嫌いな数字は1位4、2位9、3位0って、なんじゃその質問は。

数字の好き嫌いとかいちいち考えたこともないぞと思ったのだが、よく考えたらいちいち考えたことがあった。好きな数字は8であった。

理由は八犬伝が好きだから。

それで好きな数字ベスト10を並べてみると、1位8、2位9、3位2、4位5あたりまではすらすらと出た。9、2、5の理由はよくわからないが、なんかいぶし銀的な味わいを感じる。逆に7とか3は、いかにもチャラい感じがして9位、10位である。残る0とか1とか4あたりは、メリハリのある数字なのでまあ5〜8位のなかで勝手にやんなさいと思うぐらいだが、問題は6だ。

6

いったい、6という数字に何か個性があるだろうか。たしか映画『オーメン』で、666が不吉な番号とされていたような記憶があるけれども、あれも6しか空きがなかったから選んだにちがいない。他の数字はすでに何か意味やイメージを持っていたのである。たまたま6だけ何もなかった。そのぐらい6は凡庸というか、真田の（三途の川の渡し賃としての）六文銭ぐらいしか連想されるものがない。

映画『七人の侍』が六人の侍だったらきっと締まらなかっただろう。2でも3でも割れるせいで一体感がなくなるのである。2人3組に分けて村を守ることになってはリベロがいなくなる。つまり三船敏郎が登場しない『七人の侍』になってしまうのだ。そう、6がパッとしないのは、2でも3でも割れてしまう節操のなさにある。

それを言うなら8も2でガンガン割れてしまうが、そうはいっても方位が8分割できるなどそこには落ち着きと貫禄のようなものがあるし、9も3でガンガン割れるけど、落ち着きの8にリベロを足した充実の布陣という印象だ。6はまだまだ貫禄が足りない。

って、そんな話はどうでもいいな。ロトで好きな数字を選んで買う人もいるかもしれないが、その場合は2ケタの好きな数字とかもあるだろうから、0から9までで統計をとっても意味がない気がした。

というわけで話は「宝ニュース」に戻る。

今この「宝ニュース」はどうなっているのか。たぶんネットに移行しているのではないかと推測したら、案の定、同じ名前の宝くじ公式サイトがあった。内容もさらに充実していて、売り場検索とか、そのままネット購入できたりするようだ。ここで当選者の分析がないか探してみると、「宝くじ当せん者レポート」というページがあり、そこに詳しく載っていた。

それによれば、令和の平均的当選者像は60代で、購入歴10年以上の人のようだ。私はまだ8年。年齢的にも当たるのはこれからだということがわかる。とくに男性の当選者の8割が10年以上購入した人になっているから、そのぐらい買い続けないと当たらないのである。石の上にも10年ではないが、一朝一夕でロトや宝くじを当てようというのは甘いのだ。

この「宝くじ当せん者レポート」のなかに、「当せん者エピソード」というページがあり、当選者の声が載っていて面白い。

ロトではないけれどジャンボなどの宝くじでほぼ億単位の金が当たった人ばかり30人以上

が登場している。

普段買わないのにたまたまそのときだけ買ったという人もなかにはいるが、大半は20年以上買っていると答えていた。それまでにどのぐらいの金をつぎ込んだのか、その額はわからないけれども、当たるまでの道のりは辛く長いのである。

珍しいエピソードも載っていた。1億円当たって息子にちょっと分けてやろうかと話したら、息子も同じくじで3億円当たっていたというのだ。そんな偶然があるのか。なんという幸運な家族であろう。

ほかにも、ロト6で第1回からずっと同じ番号を買っている、だって買ってないときにその番号が当たったら悔しいじゃないですか、ってまったく私と同じことを言っている人もいた。そして実際にこの人は当たったのである。

私はこのところ末等さえもさっぱり当たらず、自分は持っていない人なのではないかと自信をなくしかけていたところだったが、みんな当たるまで10年20年かかっていたことが判明し、気が楽になった。もうしばらくの辛抱なのであった。

㊱話　ありがちな数字

4月のロト7第415回でビックリするようなことが起こった。1等が6口も出たのである。

これまでにも5口出たことは一度だけあった。5口も相当な確率だと思うが、6口はさらにありえない数である。

ロトでは1等賞金は、当たった口数で山分けになるから、6口も当たってしまうと、1口あたりのもらえる金額は相当に目減りしてしまう。

5口が1等当選したときも、当選金額は約1億円にとどまった。1億円も当たればいいじゃないかと思うかもしれないが、このときはキャリーオーバーが2億余円溜まっていたから、かろうじて億を超えたのである。ロト7史上もっとも悲しい1等賞金は、第200回の6798万円余で、このときは1等が4口も出たうえにキャリーオーバーが溜まっていなかったため、当選者にはつらい結果となったのであった。

今回は、運のいいことにキャリーオーバーが48億円も溜まっていたため、6口当たっても

1口あたりの当選金額は9億円を上回って、当選者が泣きを見ることはなかった。

その数の並びが出る確率は数学的にまったく同じであるにもかかわらず、最高の10億円がもらえる人もいれば、7000万円弱しかもらえない人もいる。自分が当たるときはぜひとも複数当選回は避けたいものだ。

とはいえ複数口が当たることは珍しいことではなく、2口、3口ぐらいはよくある。

もしキャリーオーバーが溜まっていない場合、1口だけの当選だとだいたい2〜4億円がもらえるが、2口になるとこれが1〜2億円になってしまう。3口だとさらに減って、1等賞金が8193万円余だったこともある。当たらないより当たったほうがいいに決まっているけれども、ロト7で1等が1億円を下回ることは滅多にないので、それなりに不運と言える。

4口以上の当選となると、これは420回弱に及ぶロト7の歴史のなかで、今回含めて5回に限られる。うち4回はキャリーオーバーが溜まっていたので、当選金が1億円以下だったのは先に挙げた第200回だけだ。

そういう回に当たってしまった人は、ありがちな数字を選んでしまったことを悔やむしかないのであった。

では、ありがちな数字とは何であるか。

この4口以上同時当選した5回の数字の組み合わせを見てみる。
04、**08**、**12**、**13**、**23**、**32**、**37**（6口）
11、**12**、**18**、**19**、**20**、**31**、**32**（5口）
12、**17**、**21**、**24**、**29**、**31**、**36**（4口）
04、**07**、**12**、**20**、**23**、**24**、**31**（4口）
13、**14**、**17**、**21**、**27**、**28**、**34**（4口）
何か特徴があるだろうか。

32以上の数字がよく使われているので、誕生日からはじき出した数字ではなさそうだ。あとは、5つのうち3つの組み合わせで、1ケタ台の数字が使われていないこと。1ケタ台、10台、20台、30台の数字をまんべんなく選ばずにどれかを省くのはロト7のセオリーである。それから**12**がよく使われていることがわかる。そのほかは思いつかない。

これに3口当たったときの数字（14回ある）も合わせて傾向を探ってみたが、こっちは**12**はほとんど出てこなかったりして、正直顕著な特徴はないように思えた。

んー。ロトの数字予想は実に手掛かりが少ないのであった。

それはともかくとして、私のロト7はちっとも当たらない。ここ最近はとくに当たっていない。運気が停滞しているのではないか。

ここでやめたら今までの投資はなんだったのかと気を引き締め踏ん張っているが、その発想は、オリンピックが中止できない為政者のダメっぷりと完全に一致している。

このように実は最近、自分のダメっぷりが深刻なのだった。

人生がのろのろ運転になってきた気がする。仕事が遅いというか、仕事と仕事の間の休みが長いというか。コロナを言い訳にして自分がどんどん怠け者になっているように感じられる。己はダメ人間なのでは？　そんな自責の念に、じわじわと蝕《むしば》まれているのである。

世の中の人がコロナ下でどう過ごしているのか知らないけれども、みんなコロナ前と同じスピード感で働けているのだろうか。

私は仕事柄これまでも自宅もしくは仕事場に籠っていることが多かったが、そんなときでも世の中は電車に乗ったり居酒屋で飲んだくれたりスクランブル交差点を渡ったりしていて、自分の知らないところで回転しているイメージだった。だから自分もそれに波長を合わせて働いていたのである。

ところが今、テレビだと、それなりにみな出かけていていてイメージはあまり変わらないんだけど、人伝てに話を聞くと、自宅待機もしくはリモートの人が多くて、みんな家にいるみたいなのだ。

近所に住むホテルマンの知人は、今は週2回だけ勤務で、その他の日はリモートワークですらなく自宅待機なのだという。

みんながそんなに働いていないのなら、自分も待機でいいのではないか。そう考えたわけではないものの、どうも日々のろのろ運転になってきた私だ。

それとも、やってる人はリモートでもバリバリ仕事してるのだろうか。

そんなに家でやる仕事あります？

そもそもリモートで働くとはどういうふうにやるのか。ずっとZoomで監視されてるわけじゃないでしょ？

そんなことを思いながら、毎日散歩している。なるべく1日平均1万歩歩こうと、やる気を出しているが、他に散歩しているのはたいてい老人で、働き盛りの年代の人はそんなに見ないのだった。

コロナ後、私は世の中についていけるだろうか。

悪い予感がする。

㊲話　運命の5月30日

先月号で、リモートワークってZoomでずっと監視されてるわけじゃないでしょ？　と書いたら、本の雑誌の杉江さんより「リモートワーク　監視」で検索かけてみてください、と言われ、ググってみたら背筋が凍った。

在宅勤務の社員がサボっているかどうか監視するシステムの広告がドバドバ出てきた。「AIの顔認識機能＋録画時間のダブルチェックにより従業員の就業時間の確認としても利用可能」「個人事業主、外注の方を時給で雇用する際にカメラ録画＋画面録画で情報漏洩《ろうえい》やサボりの抑止が可能」

たしかに情報漏洩を防ぐのは大事だろう。でもそこまでサボりを抑止する必要ある？

クライアントへの行き帰りの電車の中でちょっと寝たり、駅のベンチで缶コーヒー飲んで休んだり、これまでそういう小さなサボりが社員の活力を維持してきたのである。それがなくなったら、その分社員の活力源がなくなるのだから、そこを業務で埋めてはいけない。むしろ余暇的なもので埋めないといけないのではないか。監視の厳しい会社は採用にもマイナスだろう。そのぐらい直感でわからんかな。

在宅ワークの社員側のメリットは、何といっても時間が有効活用できることである。

通勤時間がなくなることもそうだが、必要なことをテキパキやって早く終わらせることができたら、その分もう働かなくていい、会社にいると雑談だのちょっとしたことで潰れていた時間を完全に自分でコントロールし、通常7時間かかる仕事を5時間で効率的にやっつけてしまえる、そこがいいのではないか。そこで空いた2時間を自由に使えるからこそがんばるんじゃないか。

会社側の「サボってんじゃねえだろな」的な態度は、社員の反発や不信感を生み、かえってやる気を失わせるだろう。

私が昔勤めていた会社の上司は、仕事中よくパソコンでソリティアをやっていた。あるいは用事で出かけるふりして喫茶店でコーヒー飲んでたこともある。そうするとどうなったか。「間宮さん、またゲームやってるよ。誰か注意しろ」「間宮さん、仕事してください!」って社員の結束とモチベーションは高まっていき、私も早く昇進して間宮さんみたいに仕事中ゲームができる身分になりたいと意気上がる一方であった。

課の業績があがっていたかどうかは知らないが、なんというか「しょうがねえなあ、やったるか」感みたいなものが社員の間に芽生えていた気がする。上司はいざというときだけ本領を発揮し、その他はサボってくれていたほうが社員の居心地もよく、全体として前向きになるのであった。

しかし杉江さんによれば、そんな昭和のおじさん上司みたいなのは今はもう許されない時代だとのこと。

そうなのか……。せっかく温かい目で間宮さんを見守っていたのに、自分の番になったときは見守ってもらえないのか。あのまま自分が上司になっていたら大変であった。自分がこうしてフリーランスになったのも、将来会社でお荷物になることを知らず知らず予見していたのかもしれない。

目下私は、通常7時間かかる仕事を20時間ぐらいかけてやっている。空いた時間を自由に使えるというより、空いてないのに時間を無駄に使いすぎて、自由に使える生活費が不足しているのであった。

「リモートワーク　監視」で検索したばっかりにつらい現実を見つめてしまった。

もっと夢あふれる話をしよう。

そう、ロトの話だ。

数号前に高島易断の寶暦の話を書いたが、そのなかで一白水星は5月30日に「勝負運やくじ運が強くなる」とあった。

その助言に従い、私は5月30日にロト7とロト6を各5枚、5回分の合計50枚を満を持して購入した。毎年年始になると書店にドカドカ並ぶ高島易断がこの日と断言しているのである。おおいに期待できるではないか（ちなみに5月30日に吉方はなかったので、ネットで買った）。

ところが、すでにロト6の5回分（週に2回抽選がある）は結果が出ていて、すべてハズレ。ロト7（週1回抽選がある）の2回分についても、末等にすらかすっていなかった。残るはロト7の3回分だが、本当に期待していいのだろうか。

このまま末等程度しか当たらなければ、今後高島易断は信用しないことにする。というかこのまま末等程度しか当たらなければ、ロトやめたらどうかと妻に言われそうな今日この頃である。

これまで、ない知恵をしぼってさまざまな読みを重ねてきたが、正直ロトには競馬や競輪やボートのような騎手と馬の相性だとかカイバを食ってるとか食ってないとか、ボートのエンジンがどれかというような検討の要素がほとんどなく、単に数字の統計と確率だけの問題だから、打つ手はとても少ない。

何か検討材料はないかとググってみても、出てくるのは、買ったくじは冷蔵庫に保管とか、笑顔の販売員から買うとか、科学的でない話ばかりで、冷蔵庫に保管したほうが当たるっていったいどんなエビデンスがあるのか。お金は涼しいところが好きとかいって、誰がどんな実験したんだよ。

本当はもっと統計学的にいろいろ検討してみたいのだが、何を調べたものかわからない。データは全部揃ってるけど、これ以上いったい何を分析すればいいのか。と頭を抱えていたところ、思わぬものを発見した。

雑誌である。『ロト・ナンバーズ「超」的中法』という月刊誌が刊行されていた。そんな単行本みたいなタイトルの雑誌があったとは。さんざん連載を続けていながらこれまで気づかなかった。なんたる不覚。さっそく買って読んでみることにした。

㊳話　コロナ後のブルー

相変わらずロトはさっぱり当たっていない。

少しでも当たりに近づく方法はないかいろいろと分析を繰り返してきたが、すっかり打つ手がなくなった。結局はただの数字の羅列だから、馬の調子がどうとか騎手の癖とかエンジンの具合とか、そういう検討材料がほとんどないのだ。

多少バラつきがあるものの、確率でいえばどの数字も同じように出るわけで、考えてもしょうがない気がしてきた。

そうやって投げやりな気分になっていたところ、ロトとナンバーズについて日々研鑽を重ねる『ロト・ナンバーズ「超」的中法』という雑誌を見つけたのだった。実にあからさまなタイトルであり、雑誌の名前としてどうかと思ったが、そんなことは今はどうでもいい。

読んでみると、ロト7に関しては、キャリーオーバーについて分析されていた。キャリーオーバーが発生するのは当選者がいなかったからで、つまり当選数字の予測が難しかったからである、という視点から、キャリーオーバーのときこそ自分が当てて、当選金を独り占めしようという作戦だ。

それによるとロト7のキャリーオーバー時にもっともよく出ている数字は**15**で、次が**09**だそうだ。そのほか前回出た数字がまた出る可能性が高いとか、前回出た数字の隣の数字も出る確率が高いとか（これをスライドと呼ぶらしい）、並びの数字が出やすいとか、いろいろ書いてあるが、よくよく見ると、それって普通の当選数字の法則と同じではないか。**15**がよく出るのは昔から言われているし、前回と同じ数字が入ってるとか、並びが出やすいとか、いつも私が考えていることとまったく同じである。

ロトおそるべし。専門誌であっても、たいして法則性を見つけ出せていなかった。買ったのは少し前の6月号（5月発売）だが、5月後半は**07**が出やすいと書いてあって、結果を見ると一度も出てなかった。それをあげつらうのは野暮とはいえ、おかげで、数字を分析しても仕方がない、というあきらめの気持ちにますます拍車がかかった。

とか言ってるところへ、また緊急事態宣言。

気持ちはもはや、ロトよりコロナである。

コロナが流行りだしてから1年半近くが過ぎても、デルタプラスとかラムダ株とか言ってちっとも終息する気配がない。

いい加減早く終息してほしいと思いながらも、最近私はコロナ後の自分を考えてブルーになっている。

いや、ブルーというレベルでは済まないかもしれない。恐怖していると言ってもいい。

何を恐れているかというと、コロナが終わったあと、なまった体が元に戻らないのではないかと危惧しているのである。

当初、緊急事態宣言で自宅に籠らなければならなくなったとき、そんなのは物書き稼業にとっては普段と変わらないぞ楽勝プーだと思った。遠くへ取材に行けないのは困るが、困っているのは自分だけじゃないし、毎日会社に通って同僚と楽しく雑談している人をいつもうらやましく思っていたので、それがリモートワークになって、みんなこっち側に来た、仲間が増えた、と逆に気楽になったぐらいだった。

ホテルが開店休業状態とか飲食業で酒の販売禁止とか公演中止とか、そんなニュースばかり見るので、みんな仕事ないよな、苦しいよな、と表向き嘆きつつも、内心では、これは歴史に残る緊急事態だから私の仕事が減るのも不可抗力であり、ジタバタしてもしょうがない、むしろ大手を振って仕事サボれると倒錯した喜びを感じてもいたのだった。

ところが、いつだったかテレビでコロナ下の仕事についてのアンケートをやっていて、それを見て愕然となったのである。

詳細は忘れたが、それによると、コロナで収入が減ったり無くなった人は就業者人口の26%程度とのことだった。

ものすごい数字ではあるものの、逆に言うと4分の3の人は今までと変わらず忙しく働いているのだ。世界中みんな働いてないと思っていたら、実際はこれまでと同じように働き続けている人が大半だったのである。

なんということであろう。みんなこっち側に来たんじゃなかったのか。テスト前にみんな全然勉強してないって言うから自分も安心してサボっていたら、実は自分以外はみっちり勉強してたときのような裏切られた気分だ。もともと人より怠けていたのに、さらに引き離されてしまった。今になって嘆いても、全面的に勉強しなかった自分が悪い、自己責任である。

そしてここからが重大問題なのだが、では心を入れ替えて今からギアを入れなおそう、少し出遅れたけどがんばって営業しようと考えても、あろうことか、全然やる気が出てこないのだった。

オオ、ワタシノヤルキドコイキマシタカ?

かつてザックを背負って世界をぶらぶらしていたときのことを思い出す。居心地のいい町を見つけて滞在しているうちに、だんだんダレて観光もしなくなり、両替とかビザの取得とか、1日ひとつでも仕事したら、それで満足してしまうあの怠惰で無気力な日々。

もちろんいずれは旅を終えて日本に戻り、また仕事するようになるわけだけど、あの頃は挽回しようと思えば挽回できるだけの若さがあった。怠けていてもその気になれば動けたのである。

ところが今は、その気になってもすぐに動けない。じっとしているとみるみる筋肉が落ち、動く前に体力づくりから始めないといけなくなっている。そう簡単に元に戻れないのだ。もしこのまま起き上がれなかったらどうしよう。起き上がっても仕事ないかも。

これを恐怖と言わずして何と言うか。

そんなわけで、切羽詰まった私は、細々とふたつのことを始めたのであった。

㊴話　散歩の効能

この1年コロナ禍で仕事が減ってヒマになった人は、空いた時間で何をしたのだろう。

逆境をものともせず、以前にも増して営業に精を出したのだろうか。あるいはSNSだの副業方面に勢力を広げ、前よりむしろ忙しくなった人もいるかもしれない。この難局にも攻めの姿勢を崩さず努力を続けられる人は幸いである。

一方で、ロトが当たらないことにもすっかり慣れ、攻めの姿勢ゼロだった私は、毎日午後2時に自主的にロックダウン（昼寝）したのは大変結構なことだったものの、長引くにつれ、幸いとか言ってる場合ではなくなった。

半年もすると、堕落した長期旅行者のように、できることならこのままずっと休みたいという思いが膨らんでいったのである。

まずい。実にまずい。

とくに危惧したのは、コロナが去ったあと自分は元通りの生活に戻れるのかということだった。

元通りも何もお前はコロナ以前から昼寝してたではないか、という声もあろう。正しい意見だが、それはあくまでやる気が欠如していただけで、〆切が迫ればすぐに起き上がって立ち向かう気力と体力はあったのである。

だがこの先はどうか。仮に、突然コロナが終息したとして、なめらかに仕事に対応できるだろうか。

できない、と私は考える。

ただでさえ弱っていた体力が、このところ一気にメルトダウンしているからだ。

ある日自宅の階段を降りていると、不意に足の力が抜けて転がり落ちそうになった。何の前触れもなく、足がふにゃっとなったのだ、ふにゃっと。

自分への信頼感——怠け者だけどそうはいっても働くときは働くという信頼感——が崩れ

去る音が聴こえた。

気力もまた減退している。以前は仕事は嫌でも遊びの外出には前向きで、隙あらばどこかに出かけていた。

ところが今、こんなにも外出できない未曽有の事態だというのに、それほどストレスに苛まれていないのである。本来ならいてもたってもいられない状況なのに、いてもたってもいられる。1日昼寝してたって平気だというのだ。

私はみるみる昔の私ではなくなっていった。

いかん。このままでは廃人になる。

事態の深刻さを憂い、私は、廃人化を回避すべく、新しくふたつのことを始めることにした。

ひとつは散歩である。

これまでも加齢による体力の衰えを阻止しようと、プールで泳いだり、ジョギングに挑戦したり、ジムに通ったりしたことはあった。しかしことごとく挫折している。楽しくなかったからだ。ジョギングは昔から大の苦手で、タイムを競うわけじゃないんだからとのんびり走ってみたけどダメだった。プールはそこそこやれたが、いつも混んでいるし、着替えるのが面倒でやめてしまった。

それがあるとき、なんとなく散歩に出てみたら、とても爽やかだったから驚いたのである。全然体に堪《こた》えない。

体に堪えるどころか、ああ、こういう時間が欲しかったんだと、うれしくなってしまった。

これまで散歩に着目していなかったのは、仕事に関係のない行為に罪悪感があったからだ。こう見えて怠けている自分に嫌悪感があった。昼寝していても原稿を書かなきゃと頭のどこかで思っており、真の怠け者になり切れていなかった。怠けていたのは外見だけだったのだ。

ところが新型コロナのせいで世界中で仕事ができなくなると、仕事していなくてもこれは不可抗力だと思えるようになった。依然怠けている点は同じでも、「自粛」という名の正当な怠けになったのである。

感染拡大を防ぐため、すなわち世界を守るために、私は、誰もいない住宅街や山の中を散歩した。

目標は1日平均1万歩。雨の日や用事のある日などは歩けないから、平均1万行くためには普段は1万2000ぐらい歩く。この機会に、今までどこに通じているのか気になっていた道を片っ端から制覇していった。

GPSでログをとり、それを地図に落として自分の軌跡を記録するようにするとますます面白くなった。このあたりがまだ未踏破だなとか、この道はどんな感じだろうとか、地図を見てあれこれ考えるのが楽しいのだ。

もともと道端の変なものとか異様に育った植物を見るのが好きなので、近所の住宅街でも発見が多く飽きなかった。

だが散歩の真の効能はそこではない。体力の低下を防ぐことだ。昔は散歩ごとき運動のうちに入らないと思っていたが、この年になると運動のうちに入る。

散歩をはじめてから、原稿に向かうときの集中力が以前より長持ちしているのが実感された。これまではやる気があるときでもすぐに眠くなってしまっていたが、今はすぐではなく、ゆっくり眠くなる。

そう考えると散歩は時間を無駄にするどころか、執筆時間の延長に寄与していることがわかる。ほとんど仕事そのものと言っていいのではないか。サボっていると見えて実は働いていたわけだ。

こうして私は半年間歩き続け、少し体力がついてくると、あろうことか、歩く時間を惜しんで原稿を書きたいという、これまでなら考えられない心理さえ芽生えはじめたのであった。

心の底から怠けを受け入れたことで、新たな進化のフェーズに入ったと考えられる。

目下の悩みは近所に好奇心をくすぐる知らない道がなくなってきたことだ。なので最近は徐々にバスや電車で数駅だけ移動してから歩いたりしている。

新型コロナの思わぬ効能であった。

そしてその効能に押されるようにして、もうひとつ、新たにとりかかったことがあるのだが、それについては次回。

ちなみにロトは未だ全然当たらない。

㊵話 ― 小説とロト7

先日、毎週4枚購入しているうちの2枚が同時に当たった。しかも両方とも末等ではない。ひとつ上の5等だ。1枚につき1400円、合わせて2800円を手にしたのである。

このところ当たりから遠ざかっていたので、一気に運気が上昇したことが見てとれる。今まで長く様子を見ていたが、そろそろ本気で億に向かって進みはじめたのかもしれない。

そして同時に私は反省した。というのは、これまでさんざん数字の法則を探ってきたわりに、買っているのは当初からずっと同じ数字の組み合わせであり、キャリーオーバーが出たときのみ新たな数字を試す程度であったため、数字選びのスキルが高まっていないことに気づいたのである。新たな数字を試さないで、クイックピックで安易に買うことも多かった。

この1年ほどは、当初、毎週4枚(固定数字)+クイックピック1枚を買っていたのを、節約のため固定4枚だけにして、キャリーオーバーのときのみ買い足すようにしてきた。だが、これからは固定4枚+独自の分析で数字を選び、これを毎回検証しながらスキルアップを目指していくことにする。

なにしろ2枚いっぺんに当てたのである。それも末等じゃないやつを。2枚も。いっぺんに。

流れがきているとしか言いようがないではないか。

というわけで毎回検証を行ないつつ着実に歩みを進めていくことに決めて、話を前回の続きに戻すと、新型コロナが蔓延し自粛生活を強いられた昨年夏、散歩以外にもうひとつのことを始めたのだった。

小説を書いたのである。

いやもう以前から書く書くと言いながらちっとも書かなかったが、コロナのおかげで暇ができ、ようやく本気で取り組むことができた。エッセイやノンフィクションとちがい、デタラメ書いてもオッケーなので、途中まではスラスラ筆が進んだ。ただ、途中から辻褄を合わせなければいけなくなってくるから、書き直す場面が増えていったけれども、旅行に行けない、取材もやりづらい、体力も落ちてきたという三重苦のなか、なんでも好きなように書けるのは助かった。

ただ、ここで気になるのは、小説なんか書いて果たしてお金になるのか、時間の無駄だったんじゃないかという点である。

実は『小説家になって億を稼ごう』（松岡圭祐著／新潮新書）という本が面白いと杉江さんに教えられ、読んでみたら、タイトル通り小説家も有名になると億を稼いで悠々自適らしいのであった。冒頭に確定申告書のコピーが載っていて、収入金額の欄に、

１１１２１４７８５

と記入してあって、たしかに９ケタある。

私も毎年確定申告書を書いているから知ってるが、確定申告書の収入金額欄は８ケタ分しかなく、マス通りに書くなら９９９９万円までしか書けないところ、左端のマス、つまり一千万台のマスだけデカく作ってあり、何文字でも入るようになっている。つまりそこに２ケ

タとか3ケタの数字を書き込むようになればすなわち億万長者なのである。

松岡氏がどのぐらい小説を出版してこの確定申告書を出したのかは知らない。だが仮に印税収入だけで1億を突破しようと思うなら、単行本と文庫の値段を均《なら》して1冊1000円の想定で、100万部売る必要がある。

1年間に100万部——。

1年間どころか、私が物書き生活25年で出版したすべてのエッセイや旅行記の発売部数を合計しても100万部に届かないぞ。試しに数えてみると、共著を含めても29冊で60万部程度であった。

それがいきなり1年で100万部?

夢のようじゃないか。

アホ言え、それは松岡圭祐だから売れたのであって、どこの馬の骨ともわからん宮田某の小説が売れるわけあるかよ、という声が聴こえてくるが、ここでいったん冷静になってロト7の期待値と比較してみよう。

今週当選番号が発表されたロト7第436回は、1名が当選している。この回で売れた口数は622万余口で、当選者は622万分の1の確率で1等賞金3億6900万円を手にした。当たりが出ない可能性もあったから本当の確率はもっと低いが、便宜的にこれで計算する。

一方で、世に小説家志望者は何人いるだろうか。さすがに600万人もいないだろう。ざっくり多めに見積もって100万人いると仮定し、そのうち何人が100万部売れているだろうか。最低でも50人ぐらいはいるのでは？　もしそれで計算すると、確率は2万分の1になる。

622万分の1で、3億6900万。

VS

2万分の1で、1億。

さて、どっちを狙うのがいいか。

答えは誰の目にも明らかだろう。

2万分の1を目指して小説を書きつつ、それはそれとしてロト7は一応買う、が正解である。

結局ロト7買うのかよ、というツッコミはとりあえず置いておいて、ロト7より小説家のほうが当たりやすいことが計算上証明された。いきなり2万分の1の当たりを出すのは厳しい道とはいえ、もっと難しいロト7ですら当選に向け着々と歩みを進めている私だ。2万分の1恐るるに足らず。2万分の1ということは、2万冊書けばそのうち当たるのである。

ちなみに今回書いたのは、中世を舞台にしたユーモア冒険小説だ。われながら書いていて面白かったので、是非ひとり1万部ぐらい買ってほしい。

そしてロト7のほうも、これから厳密に数字を選びながら攻めていこうと思う。そろそろ当たるはずである。

㊶話——真剣なる検証

前回、これからはもう少し数字を検証しながら、1回1回大事に買っていこうと決心したことを書いた。

それでさっそく、そのとき購入期限が迫っていた第434回向けに数字を選んでみたので、もう読者は数字とか見るのうんざりと思っているかもしれないが、これはロトを検証するノンフィクションでもあるから、その推理の経緯と結果を報告したい。

まず、ひとつ前の第433回では、7つの数字の内最小が14で、1ケタ台の数字がなかったので、次は反動で1ケタ台が3つぐらい出ると予測。しかもここしばらく01が出ていないので、01を入れる。経験上、忘れた頃にちゃんと出るのが01なのだ。残る2つは、毎回ほぼ必ず2連数字が出る法則から、06、07を選択。この2つに根拠はないが、01から少し離れていたほうがいい気がしたのだ。

あと第431回から第433回にかけて、律儀に12、13、14と1ずつ増えながら順に出ているので、今回15が出そうと思ってしまうところを、裏をかいてもう一度14。直線的に並びそうに思えたときに微妙に肩すかしが入るのがロト7なのだ。

そして毎回前回に出た数字が必ずひとつは入る法則を、この14で消化する。それからここ数ヶ月、30番台が多めに出ているので、35と37を選んだ。あとひとつ、これは迷ったがあてずっぽうで21を選ぶ。21はこのところあまり出ていないが、そういう数字もひとつぐらい入ってくるのがロト7である。ということで、選んだ数字は、

01、06、07、14、21、35、37

奇数のほうが多い、できれば4つか5つが奇数というセオリーにも合致。過去の当選番号

と照らし合わせ、まだ大当たりの出ていない数字であることも確認した。過去に1等、2等に当たった数字がまた出ることは確率的にありえないからだ。

おそらくこの数字は当たるまい。選んでおいてなんだが、そうやすやすと当たるはずがない。しかしこれがどのように外れたかを逐一検証していくうちに徐々に勘のようなものが身についていくのではないだろうか。

結果、第434回の当選番号は以下であった。
10、**11**、**12**、**17**、**29**、**34**、**37**
残念ながら当たったのは**37**だけだった。

と、今までならここで終わっていたのだが、違うのはここからだ。何が間違っていたのか検証することで、次へ進むのだ。

まず1ケタ台がどかどか出ると予測したのがまったく外れて、2回連続で1ケタ台ゼロ。これは反省しないといけない。

これまでの実績をよく見ると、あるケタの数字が全然ない並びが2回続く事態は何度かあった。なので、1ケタ台がどかどか出るのは次の回と見たい。

あと**12**、**13**、**14**と来たから次は**15**と見せて裏をかいて**14**、という読みも外れ、**10**、**11**、**12**

が出た。3連数字は比較的珍しい。ただこれにより並びの数字が必ず出る法則は継続し、かつ**12**、**13**、**14**の周辺で何か出るという予測は正しかった。

30番台から2つ選んだのは正解だった。

奇数のほうが多いの法則は、今回も健在だった。たまにはずれるがおおむねそうなる。

適当に選んだ**21**は無駄だった。**21**は何の予兆もなかったのでハズレは必然か。

ちなみに前の回と同じ数字が出るの法則は**17**で満たされていた。私は**14**と踏んでいたが、それが外れた場合も考慮して、もうひとつ前回と同じ数字を入れておいてもよかったかもしれない。

これらの反省をもとに、第435回は次の数字を選んだ。

まず1ケタ台から3つ、そろそろ必ず出ると踏んでいる**01**を筆頭に、**06**、**09**。**06**と**09**は少し前によく出ていて、少し途絶えているので、そろそろ復活するという読み。並び数字で**15**、**16**。一時最も出る数字としてもてはやされていた**15**が最近大人しい。密かに狙っているのではないか。そして相性の悪い**20**番台は敢えて外し、依然濃いめの**30**番台から、**32**、**37**でいく。前回と同じ数字**37**を入れ、全体で奇数4つ偶数3つの一番安定した組み合わせである。

01、**06**、**09**、**15**、**16**、**32**、**37**

そうして出た目の数字は、
03、**05**、**07**、**11**、**15**、**17**、**25**
当たったのは**15**のみという結果だった。だが、よく見てほしいのは、1ケタ台はちゃんと3つ出ていること。そしてそろそろ出ると踏んだ**15**がきっちり出て、隣の**16**と思ったら**17**だったこと。30番台は出なかったが、ボーナス数字で**32**が入っていたのも見逃せない。まだまだ精度は低いものの、大枠では狙った傾向に添った形になったと言っても過言ではないのではないか。

さらにそろそろ**01**が絶対出ると思ってしつこく**01**を入れ続けていたら第439回で出た。このときは**01**のほかに1ケタ台を3つ選んで、数字は違ったけどちゃんと3つ出た。そのほか苦手な20番台から、最近調子のいい**26**を入れておいたら、これも出た。

こうして見ると数字を確実に当てるのは難しいものの、やはりなんとなく法則のようなものがあって、その周辺をうろうろすることができそうである。数字が1違うともうだめなので、ピタリ賞は無理かもしれないが、まれにボーナス数字にかすったりして、2等ぐらいは自力でいけるのではないか。

今私が考えているのは、ここ数ヶ月30番台と10番台前半が盛況だったが、その傾向はそろそろ終わるだろうということ。徐々に1ケタ台と20番台が盛り返してくると踏んでいる。とくに**18**から**25**あたりは、このところ薄すぎた。揺り戻しが必ずあるはず。**18**は、最近選ばれてもボーナス数字ばかりなので、そろそろ絶対に出る。

㊷話　18と25とポリープ

一時は予測しても意味がないとさえ思ったロト7だが、毎回予測した数字と実際に当選した数字を照らし合わせ、何が間違っていたのか検証しながら買うようにすると、ちょっとずつ精度があがってきた気がする。

たとえば第440回では、

04、**05**、**17**、**18**、**19**、**26**、**31**

と、いう読みを立てたところ、

05、**10**、**17**、**18**、**19**、**22**、**32**

が出て、4つの数字が合致した。5等である。1400円。

この**17**、**18**、**19**の3連続数を当てたのは我ながら驚いた。

これはその前の第439回で10番台がまったく出ていなかったことと、**18**がときどきボーナス数字に出てくるわりに本数字に出ていないので、そろそろマグマが溜まっているはずだから、**18**付近が厚めに出ると考えたためである。

その後、**18**はもうマグマを噴出したので、狙い目を**25**に変更した。**25**はしばらく出ていなかったのに、第433回、第435回、第437回と断続的に3回続いていた。ここ数ヶ月の大きな流れとして、20番台後半と30番台前半が厚めに出ていて、**25**はその境界になっている。

実は**18**も境界線上にあり、**17**はよく出ているのに**18**以上はあまり出ていなかった。この**18**と**25**の間はここ最近薄い。一方で流れは30番台から徐々に前がかり、10番台前半から徐々に後ろがかりになりつつあり、今後は**18**と**25**の間が熱くなってくると読んでいる。その先駆けとして**25**狙い。

するとさっそく第441回、第442回と連続でボーナス数字に入ってきた。さらに第444回もボーナス数字。ボーナス数字でこれだけ集中的に出れば、本数字で出る日も近い。実際、第445回で出た。

それと同時に1ケタ台も結構薄い状況が続いていたので、必ず揺り戻しがあると踏んで、**02**、**03**も連続して購入していた。

第445回で予測したのは、

02、**03**、**05**、**07**、**25**、**27**、**34**

だったが、当選数字は、

04、**22**、**25**、**27**、**28**、**30**、**33**

で**25**と**27**だけ合致した。依然20番台後半から30番台前半に偏った数字だが、ここで、おっ、と思ったのがボーナス数字で**02**、**03**が出ていたことである。やはりきている。**02**、**03**は引き続き買うべきと判断。1ケタ台はさらに狙っていく。

それと**18**から**25**の間。なかでも**20**、**24**がしばらく出ていない。今後はこのあたりを軸に展開していきたい。遠からぬうちにきっと、1ケタ台と**18**から**25**の間の数字で構成された1等が出るはずだ。

それにしても、こんな話を誰か読んでいるのだろうか。細かすぎるのではないか。みんな興味ないかもしれないので、目先を変えて大腸の話でもしようと思う。

息子に大腸がん検診を受けろと言われ続けていたのだった。

友だちのお母さんが大腸がんで亡くなったのである。まだ40代だったはずだ。残された息子の友だちは大学受験と重なって大変だったらしい。

がん検診など受けたら何か見つかるに決まっており、そうなれば恐怖で寿命が縮まるので、長生きのためには受けないほうがいいとの判断で、もう15年ぐらい健康診断も受けていなかった私だが、息子が心配するので、子に心配されているうちが華だと、健康診断を受けてみることにした。それにより寿命が縮まるのも止む無しと覚悟を決める。

先生に15年ぐらい健康診断を受けていないと伝えたところ、大腸の内視鏡をやってはどうかと勧められた。

いきなりそんな大事業やる必要あります？　検便でいいのでは？　と思ったんだけども、場の雰囲気にのまれやすい性格が災いして、不覚にも、はい、と頷いてしまい、頷いたが最後、あれよあれよという間に予約を入れられて、大きな箱に入ったお楽しみキットみたいなものを手渡されたのであった。

お楽しみキットには内視鏡検査前日の食料と、腸をきれいにする洗浄ドリンクみたいなものが入っており、なんでも検査前日には通常の食事はできず、そこに入ったレトルト食品で済ませねばならないらしい。さらに当日は朝から腸洗浄ドリンクを2リットルと水1リットルをがぶ飲みして検査に臨まないといけないとのこと。

胃カメラの面倒くささは知っていたが、大腸カメラはそれよりさらに10倍めんどくさいことが判明した。

前日は病院食みたいなものを食べ、当日も朝8時から腸洗浄ドリンクと水を10分おきにコップ1杯ずつ3時間飲み続けよだと？

よく考えてみてほしい。コップ1杯を10分おきに3時間である。

それって可能？　水責めだろ。

気持ちが殺伐として、だんだん自分が死を待つ人のように思えてきた。

そうでなくても、これまで何度も原因不明の下痢になったし、妙に黒い便が出たこともある。これはもうだめなんじゃないか。父は現在の私の年齢の2年後に死んでいる。私ももう死期が近いのではないか。そんな気分だった。

検査そのものは、胃カメラと違って吐き気をもよおすこともなく、むしろ楽だったが、なんだかぐいぐい押されると思ったら、ポリープを切除していたらしい。検査のつもりが手術になっていた。だから言わんこっちゃない。絶対何か見つかるのが健康診断というものなのだ。

ただ私はポリープと聞いてもたじろがなかった。おっさんにポリープはつきものである。ポリープのひとつもないようでは、ロト7も当たるまい。おっさんなのに健康が万全だったら、それだけでもう十分幸運だからだ。
ただ願わくば、話のわかるポリープであることが望ましい。
とにかく検査はしたので、結果は聞かなくていいことにしたい。

㊸話 ツキと流れと32

このところ数字の流れを読んで、これぞと思う数字を買うようにしているが、どうも流れが読みにくい。1ケタ台と10台後半から20台前半が弱いので、そろそろ揺り戻しが来ると踏んでそのへんの数字を組み合わせて買っているが、思ったように揺り戻さない。1ケタ台の数字は徐々に盛り上がってきていてそこは読み通りなんだけども、10台後半から20台前半は相変わらず沈黙したままだ。

第446回の1等は、
01、**07**、**09**、**12**、**15**、**29**、**32**
第447回は、
03、**05**、**08**、**13**、**26**、**30**、**37**

共通しているのは、1ケタ台が3つ含まれているということと、10台後半から20台前半がさっぱり出ていないということだ。

1ケタ台3つは予想通りとはいえ、私が買っていたのは、**02**、**03**、**07**なので、どんぴしゃとはいかない。そして10台後半から20台前半が来ないこの流れはいつまで続くのだろう。

それで第448回を予想するに当たっては、揺り戻しは期待せず素直に現在の傾向のまま選んでみることにした。選んだのは、

02、**03**、**11**、**15**、**31**、**32**、**33**

1ケタ台3つは今回はいったん休んで2つに絞り、昨年後半わりと強かった**11**と、一昨年まではもっとも出やすいと言われてたのに、その後ぱったり出なくなり、それが昨夏から復活して元気になってきた**15**。そしてその後の10台後半から20台前半は目下真空地帯だから、どーんと飛ばして**31**、**32**、**33**である。

実はこの30台冒頭は今ふしぎなことが起こっている。

第443回に**26**が出て以降、回を経るごとに**27**、**28**、**29**、**30**と1ずつズレて出続けているのだ。これでいくと次は**31**が出る流れ。

そこに2021年もっとも強かった**32**を加え、流れがこの付近に収斂《しゅうれん》しているように見

えるので、**33**もオマケで入れた。全部当たるとは思わないが、どれかかするんじゃないかと期待している。

というふうに、いつも数字の流れを気にして買っている私であるが、先日読んだ『人生の土台となる読書 ダメな人間でも、生き延びるための「本の効用」ベスト30』(pha著/ダイヤモンド社)に、こんなことが書いてあった。

片山まさゆきの麻雀マンガ『ノーマーク爆牌党』にツキや流れを全否定する鬼押出というキャラが登場し、ツキや流れなんてものは実際にはなく、関連性のない偶然が積み重なっただけだとそいつが言ってるという。そしてそんな存在もしないツキや流れを感じとってしまうのは、その人間が弱いからだと。

例としてphaさんは、サイコロで5回連続1が出たとき、次は1が出ると思うか出ないと思うかと問う。これだけ続くなら次も1が出る流れと思うか、さすがにもう1はないと思うか。

答えは1の出る確率は6分の1だ。とドライな解答。ツキも流れも関係ない。そしてギャンブルというのは、そんな世迷いごとを信じず、確率論にしたがって黙々とやった者が勝つのだと断言する。

その考えでいくとロト7はどうなるだろう。確率はどの数字も同じであり、過去に一度出た組み合わせだから出ないということもなく、すべてフラットに考えればいい。すると困ったことにどんな組み合わせも、

01、02、03、04、05、06、07

が出るのと同じ確率、あるいは前回とまったく同じ組み合わせが再度出るのと同じ期待値ということになって、やってられない。とても当たる気がしないじゃないか。よって、ロトなどやらないほうがいいという結論になる。

《現実を正しく認識して、不可能なことを可能だと思わなければ、苦しまずに済む》

とphaさんは身も蓋もない。

正しい。理論上はまったく破綻がない。ただここで問題なのは、私の老後だ。私の老後は、

《現実を正しく認識すると、不可能なことを可能にしなければ、苦しんで死ぬ》

と予測されるのである。ロト7が当たらなければ生活できずに路頭に迷う可能性大だ。

phaさんの本に、田舎に自分で小屋を建てて住んでいる人の話がでてきて安く暮らせるそうなので、私もいよいよ行き詰まったときは小屋に住もうかと考えた。が、それより車を改造してそこに住むノマドな人生がいいと考え直した。

以前温泉を巡って本を書いていたとき、ミニバンで寝泊まりしながら旅をしている年配の男性に会ったのである。風呂の更衣室で話をしていたらいきなり倒れて驚いたが、糖尿の持病を抱えながら旅をしていたらしい。持病があってもできて、生活費はあまりかからないと言っていたので、自分もそんな暮らしがしてみたいと思った。

男性は自宅はちゃんとあるようだったから、金欠でノマドになったわけではなさそうだが、なんにしても、金の心配のなく自由な暮らしがしたいものだ。

とか言ってる間に第448回の当選数字が出た。

07、**21**、**24**、**29**、**32**、**36**、**37**

だった。**32**しか当たってない。

30台がしぶとい。**32**はこの半年すごい勢いで出ている。そしてちっとも出ていなかった20台前半がようやく出た。それも2つ。10台後半もいよいよ出るのではないかと思うが、依然さっぱり音沙汰ないのが**20**である。単なる勘だけど、**20**はもうしばらく出ない気がする。

最後に景気のいいことを書こう。大腸内視鏡検査で切除したポリープが良性であった。おまけに手術に該当するため生命保険が5万円おりた。かかった費用以上の収入だ。ありがたい。3万円ぐらいをロトの軍資金にしようと思う。

㊹話――家電長者への道

んんん、全然当たらない。

最後に末等に当たったのは10月の初めで、その後3ヶ月いっこうにかすりもしない。数字を予測しても、当たるのは7つのうちよくて2つで、まるで効果が実感できない。いったいいつになったら当たるのだろうか。

いい加減しびれを切らしたので、ロト7は一旦横に置き、別のところで儲かった話をしようと思う。たまには景気のいい話が必要だ。

先日、家族でスマホのキャリアを乗り換えたのである。

子どものスマホが学割で安かった期間が終わり毎月の費用が高くなったため、近所の家電量販店に行ったのだった。そこで3GBまでなら月990円というプランを見つけ、それに切り換えることにした。

ところが、店員が、プラン変更ではなくて別のキャリアに乗り換えればポイントがつきますとオススメしてきたのである。ポイントは家電量販店のもので、2万7500ポイントだという。

驚いて、それって2万7500円分の家電がもらえるってこと？

と聞けば、その通りだと。しかもスマホ料金は変わらない。キャリア変更の手間さえ厭《いと》わなければ2万7500円分の家電がタダになるのである。

それは耳寄りな情報であり、家族全員で乗り換えたらどうかという考えが浮かんだ。4人分で11万円になるではないか。

そんなのあり？　と聞けば、ありどころか、もし4人一括で乗り換えてくれれば、キャンペーン期間中なのでさらに4万円分のポイントをつけるという。

キャリアを乗り換えただけで15万円！

その家電量販店でしかポイントは使えないが、そうだとしても上等である。すぐに家族全員を招集し、乗り換えることを満場一致で決定した。

大変ありがたいが、逆に心配になり、そんなにもポイント出して大丈夫なんですかと店員に聞くと、携帯会社が払うので問題ありませんと言い、今は乗り換えでポイントがどーんともらえるんで、半年毎に乗り換えているお客さんもいますとのこと。さらに、実は……、と店員は小声になり、自分も携帯を2台持ち、それぞれ乗り換えまくって、ひとりで今12万ポイント貯めてますと告白した。

ひとりで12万ポイント！

2台目のスマホはほとんど使っておらず、ポイント獲得のために持っているようなものだそう。

「ここ数年、自分の金で家電を買ったことがありません」とその店員は言った。

すごい話だ。知らないところでそんなうまい話になっていたとは。

するとどうですか、今乗り換えてまた半年後に別のキャリアに乗り換えれば、そのときも同じようにポイントがもらえるんですか？

「その時点でキャンペーンがどうなっているかわかりませんが、その可能性はあります。今と同じポイントではないかもしれませんが何かしら特典はつくかと」

店員は実際そうやってどんどんポイントを貯めてきたのであった。

わが家もさっそくポイントを使って古くなっていた炊飯器を買い替え、娘が欲しがっていた加湿器も購入した。購入というか、金は払っていないからもらったようなものだ。それでもまだ10万以上ポイントが残っている。

なんというまい話であろう。これまでは、スマホキャリアの変更には違約金だの何だのあったらしいが、それも徐々に撤廃されつつあり、手間さえ惜しまなければ、客丸儲けの状況のようだ。知らなかった。これって常識？　みんなそんなことはとっくにやってるのだろうか。

おそるべしキャリア変更。数年やり続ければ家電長者になれるのではあるまいか。この冬、ロトは当たらなかったが、家電が当たったも同然という話であった。

このところわが家の生活苦が止まらないが、それは単に私が原稿料だけで食べていこうとしているからで、このような裏技をもっと知っていれば、それほど苦しまなくてもいいのかもしれない。

先日聞いたのは、絶版になった自分の本を、電子書籍ではなく、自分でPDFにしてネット販売すれば、印税という形ではなく売り上げまるまる自分のものだから、そのほうが儲かるという離れ技で、なるほどと感心したのだった。

ただその場合、ネット書店で、この本を買った人はこんな本も買っています、と表示されることもなく、今日は何々の日、それにちなんでこの本を読みましょうと紹介されることもないから、営業は全部自分でやることになるが、出版社に頼る以外の選択肢も検討しないといけない時代になってきているようだ。コミケやYouTubeで稼いでいる作家もおり、原稿料と印税一辺倒で生活を支える時代は終わっているのかもしれない。

さらに最近モヤモヤしているのは、先日、本の雑誌の杉江さんに聞いて信じられなかったのだけれど、ツイッターのスペースという機能を使って自分が原稿を書いているときのタイピング音を流している作家がいるのだとか。

わざわざあのカチャカチャ音だけを聞く人がいることも驚きだが、そもそもスペースで音を流したってお金が入ってくるわけでもないし、宣伝になることもない気がするわけで、なんでそんな音流してるのか謎である。

自分の古い頭では、そういうものはそれが宣伝になったりして、まわりまわってお金に変わるからやるのであり、でなければ趣味であり、そんな趣味があるとは思えないから、いったい何が狙いなのかよくわからないのであった。

今やお金を稼ぎたいと思うこと自体野暮なのか。

あるいは、どうしたって食べていけないから、もうお金のために働くのはやめようということなのか。なかなか理解が追いつかない。もしかすると、私もお金のためにロト7をやってるわけじゃなかったのかもしれない。

㊺話　DXと石ころ

ロトはもう4ヶ月も末等すら当たらないが、読みの精度は確実にあがってきている。

というのは、昨年後半18から25の間が出ず30番台がよく出る日々が続いていたので、今年は逆に18から25の間が熱くなるだろうと読んでいたら、21が3連続2回、さらにこれまで熱かった32はぱたりと出なくなったのだ。思った通りである。

第456回で私は次のように予想した。

02、05、13、15、21、28、31

30番台を減らし、このところ絶好調の21と、かつて一番出やすいと言われていながら昨年パッとしなかった15を復活させた。

結果は、

09、15、17、18、22、25、31

2つの数字が合致。とくに15は読み通りだった。21はひとつズレてしまったものの、30番台も当たっている。

あまりの精度の高さに、教えを請いたい人からのＤＭが殺到する可能性が出てきた。２つしか当たってないと反論するむきもあろうが、傾向は摑んでいるのだ。ぜひ教えを請いたいという人は、私のロト7必勝セミナーに申し込むといいであろう。

ここで突然話は変わるが、実は先日人生をあらためて見つめ直し、ある気づきを得たので報告したい。

物書き生活27年目になる私だが、これまでずっと原稿料と印税メインでやってきた。まれに講演とかトークイベント、もっとまれにグッズを作って売ったりもしたが、基本は原稿料と印税を中心に稼いできたわけである。

noteに自分のクリエイターページを持ち、そこで投げ銭をもらったこともあるが、金額は微々たるもので、あくまでネットは余技のようなものとしてとらえていた。

なにより前提として、紙媒体に名前が載り紙の本を出すことが物書きのステータスであり目指すステージだ、という考えが揺らいだことは一度もなかった。

しかし、そういった紙信仰をいったんリセットして世の中を見てみると、どうもネットで稼いでいる人のほうが儲けている気がしないだろうか。聞いた話では、あるライターはnoteで日記を売って月収２３０万円ぐらいあるという。そんなの都市伝説では？　と勘ぐったもものの、たしかにそのライターはフォロワーが10万人以上もいて、日記だのいろんなものに課金設定していた。

月収230万？

年収の聞き間違いだろうか。だとしても副業なら十分な金額だ。

フォロワーが10万人以上いると、そんなに儲かるのか？　ちなみに私のフォロワーは200人ちょいである。

なんだか世の中の仕組みが、私が考えていたのと違ってきている。表舞台はもう紙ではなく、紙は言ってみれば名誉職みたいなもので、戦場の一角に過ぎないのでは？　むしろ目指すべき本当のステージはネット上にあり、その傾向はコロナでますます拍車がかかったのではないだろうか。

こうして私は遅まきながら、自分はもっと大きな戦場に出て行かなければならないと悟ったのであった。デジタルは苦手とか言ってる場合ではない。

炎の営業杉江さんが言うのだ。

「今や時代はＤＸですよ」

ＤＸ、何じゃそりゃ。デラックス？

杉江さんによると、Dはデジタルで、Xはトランスフォーメーションのことだという。

わからん。トランスフォーメーションにX入ってないじゃないか。

訳すと「デジタルによる変容」。

つまりまさに私が今書いていたような話のようだ。単にデジタル機器を使って何かするという意味にとどまらず、デジタルベースで考えるということだと理解した。

そんなわけでさっそくnoteを熱心に書きはじめた私だ。目指せ10万フォロワーで230万(月収か年収か不明)！

アフィリエイトのやり方も調べて貼り付けたりして、いったい何周遅れだよ。そんなことはだいぶ前からみんなやってる気がする。もっとDXなことは何かないのか。

と、そこへ渡りに船というか何というか、杉江さんより動画撮りましょうと声がかかったのだった。それも石ころ拾いの動画だという。素晴らしい！

私がいい感じの石ころを拾ってみせ、世にいる何億人もの石ころ好きに配信すれば、それはもう大盛況にちがいない。ふたつ返事で誘いに乗った私だ。

ところが、である。よくよく聞いてみると、YouTubeで公開するという。

えええ、なんでYouTube？

たしかにYouTubeで儲かっている人も世の中にはたくさんいるようだけれども、あれは一定程度チャンネル登録されて、なおかつ再生時間が増えてはじめてお金になると聞く。そんな当たるも八卦みたいなロト7みたいな方法ではなく、最初から番組として配信すれば、もっと素早く儲かるのではないか。

「いや、もう大儲け間違いなしですよ」

みたいなことを杉江営業マンは言うのであるが、例によって杉江営業マンの口八丁ほど乗ってはいけないものはないのである。

しかも最初はお金がないから都内の多摩川とかで石を拾えという。いったい何の修行であろうか。いい感じの石ころは、もっと日本海側の津軽とか島根県とかの海岸にあるのである。何を血迷って都内で拾うのか。映える石ころを拾ってなんぼの企画なのに、そんなんで大儲けできるわけがないではないか。

せっかくのＤＸ、最初から間違った方向に進もうとしている気がしてならない。騙されているとしか思えないけれど、何ごともやってみなければわからないから、みんなも騙されたと思ってチャンネル登録のほうよろしくお願いします。

㊻話――石ころチャンネルの今後

報告するのもいまいましいが、昨年10月に末等が当たって以来、ロト7まったくかすりもしない。こんなに長期間当たらないのは、大噴火前の静けさなのかそれとも単に死に体なのか。

腹が立つので、少し投資を縮小することにした。

毎週4枚（固定の数字）＋1枚（予測数字）でやってきたが、固定数字を1枚減らすことにする。やめた途端にその数字が当たると悲惨だが、これで月1200円の節約になる。その数字は今後思い出すことのないよう痕跡を消して、仮に当たっても気づかずに済むようにしておこう。

ところで前回「いい感じの石ころを拾いに」チャンネル開設について報告したが、さっそく6本の動画をあげてもらった。

YouTubeで収益を得るためには1000人以上のチャンネル登録と月4000時間以上の閲覧が必要だそうで、ひとまず1000人を目指している。

で、最初の動画がアップされてから3週間たったところで、登録数は448人である。数字だけを見ると、このペースでいけばあと1ヶ月ほどで1000人行きそうに見えるが、そううまくいくわけはない。登録してくれた448人は、たぶん親戚や友人、取引先などの関係者が大半であり、そういう組織票を取り込んだあとが問題だからである。

そもそも疑問なのだが、仮に1000人と4000時間を超えたとしてどのぐらいお金がもらえるのか。

田舎暮らしの動画をあげてチャンネル登録者が5000人いるユーチューバーの知人に聞いてみたところ、当初は月5万ぐらいの収入があったが、だんだん減って今は2ヶ月で8000円程度だとのこと。2ヶ月でというのは、8000円以上貯まらないと引き出せないルールだからで、それだけ貯まるのに2ヶ月かかっているということだ。

再生時間がどのぐらいか知らないが、登録者5000人でもそんな感じなので、「いい感じの石ころを拾いに」チャンネルの収益で全国へ石拾いに行くという目標の達成はほとんど無理ゲーではあるまいか。

それとも石ころじゃないテーマを選べば稼げるのであろうか。

参考にあれこれ観ていると、一般人でも再生回数がかなりいっているチャンネルが確かにある。なんとなくであるが、その人の日常をリアルに見せるチャンネルが人気のようである。

そうこうしているうちに、アルゴリズムのほうで私が貧乏であることを見破ったらしく、田舎に移住してリタイア生活だの、50代からの転職についてだの、年金暮らしのおばあさんのチャンネルなどがどかどかお薦めされるようになってきた。

知らなかったのだが、貧乏暮らしをテーマにした老年ユーチューバーのチャンネルがたくさんあるのだった。

年金がほとんどもらえない節約暮らしの人だの、職を失って途方に暮れている初老男性だの、熟年離婚して財産をもらいそこねた女性みたいな人たちが動画をあげて、軒並み数万もの再生回数になっている。われらが「いい感じの石ころを拾いに」チャンネルとはずいぶんな差だ。

将来が不安なあまりそんな動画を見てしまう人がたくさんいるのだろう。世知辛い世の中になったものだが、それだけ多くの人に見られているなら、当人は結構な収入になっているのではないか。貧乏暮らしと言いながら結構もうかっているかもしれない。年金生活者の収入源としてこれはいい方法のような気がしてきた。

それらのチャンネルは、だいたい同じような作りで、顔出しはせず、料理をしたり庭仕事をしたりしている手元を固定カメラで撮影し、ゆるい音楽を流して字幕で状況を説明するスタイルだ。

文字も大きく老眼にやさしく作ってあって、編集も難しくなさそうである。あるいは、そういうフォーマットがあるのかもしれない。そう思わせるぐらいどれもよく似ている。

疑うわけではないが、これは本当の話なのだろうか。

少ない年金だのリストラだの熟年離婚だのといった不幸そうなストーリーを作ってアップすれば収入になるのだ。顔も声も出さず、せいぜい手と後ろ姿を映すだけだから、誰でも捏《ねっ》造《ぞう》できそうな気がする。

全部フィクションでは？

そう考えるのは、うがった見方だろうか。

他に私がよく見ているのは作業動画である。

なんらかの作業を淡々とこなす動画で、たいした展開もないのについ見てしまう。

一番のお気に入りはWoodturningといって、木の切り株などを旋盤でぐるぐる回転させながら削り、壺だの球形のオブジェだのができあがるまでの工程を見せるチャンネルだ。だんだんと整った形にしあがっていくのが面白くて見てしまう。どれも似たり寄ったりなのに目が離せない中毒性がある。なかには登録者が138万人なんていうチャンネルもあり、多いものは7000万回も再生されているから、みんなハマっているのだ。

そこまでの人気はないもののBrushcutterなる動画もよく見る。これはブルドーザーのような重機で雑草をザクザク刈っていく動画だ。大きな板のようなもので雑草を丸ごと踏み潰すマシンがとくにいい。最初はモサモサだった土地が最後は広い更地になったりするところに、妙なエクスタシーがあるのだった。

ほかにも水路に溜まった砂利をショベルカーで取り除いて水を通す動画とか、古民家を自力で改造していく動画なんかも気になる。

できれば自分もそのような何かが出来上がったり片付いたりする中毒性のある作業動画をつくりたいが、いったい自分に何ができるのか。しばらく考えても思いつかなかった。

YouTubeの企画を考えれば考えるほど自分の能力が問われはじめる。私はこれができますと世間に対して履歴書を出すようなものだからである。

んんん。強いて言うならあれだ。

石ころ拾えます。

それ、今やってるやつだ。

㊼話　連続当選と料理試練

５ヶ月ぶりに４等９１００円が当たった。７つの数字のうち５つが合致したのだ。５つも合致したのに９１００円とは相変わらずしょぼいが、それはロトあるあるだから仕方ない。ただ過去の実績を見ると４等でも１万円以上もらっていることがあり、当選者の数の多少ないで当選金額が変わるロトは、なるべく他人と被らない数字を選ぶことが大切、という話は何度もしてきた。

身も蓋もないことを言うなら、当選数字は厳密に確率で決定するから、必死で数字を検討してもしょうがない。何を選んでも当たる確率は同じである。

だが、人が選びやすい数字とそうでない数字には偏りがある。理屈上当たるかどうかは考えてもしょうがないけれど、仮に当たった時に自分の取り分を減らさない努力はできるのである。なので人が選びにくい組み合わせを選ぶことが重要になる。

そういう観点で当選数字を見たとき、私はある法則を発見した。もう法則なんてないだろうと思っていたら、まだあったのである。

それは人は1ケタの数字を選びがちという法則だ。試しに当選数字に7つのうち3つ以上1ケタが入っていたときの1〜3等までの当選者の数を調べてみると、ほぼどの回も当選者が多かった。それ以外の、たとえば10台の数字が3つ以上入っていたときと入っていないときでは当選者数に顕著な差はなかった。差があるのは1ケタのときだけだ。

つまり1ケタの数字を3つ以上選ぶと、当たったときに当選者が多くなり、自分の取り分が減る可能性が高いということである。

ぜひ参考にしてほしい。

さて今回5つ合致したので、その数字の組み合わせはしばらく出ないだろう。新しい組み合わせに乗り換えることに決め、さっそく数字選びに着手した。これまではトランプなどを使って神意を問うていたが、そうやって選んだ神意が全然当たっていないので、神頼みではなく、合理的根拠に基づいて数字を選ぶことにする。

これまでの調査から判明していることは、

●当選した7つの数字は奇数が偶数より多いこと

●どこかに連続数が入っていること

●1ケタ台、10台、20台、30台からまんべんなく選ばないこと

などだが、今回あらたに、1ケタからは多くても数字2つまでにする、が加わった。具体的にどんな数字を選んだかは企業秘密なので伏せるが、そうすると次の回、さっそく5等が2口も当たったのだった。7つの数字のうち4つが合致。それも2枚。1400円×2で2800円だ。この5ヶ月まったくいい知らせがなかったのに、ここにきて一気に2週で3口も当選である。大きな流れがこっちにきている証である。なにしろ5ヶ月もマグマを溜めていたのだ。相当な大噴火がこれから起こるはず。

とか言ってると、突然妻がコロナにかかった。

おお、コロナ大噴火は困るぞ。

微熱があるし喉も痛いというので、念のため病院でPCR検査を受けたところ、翌朝になって陽性との連絡がきた。ワクチンを3回打っていたので、まさかとは思ったが、ワクチンを打っていても感染はするらしい。

症状は一日でおさまったものの、10日間は外出できないきまりである。外出どころか家庭内でも隔離しなければならない。

いっそのこと家族みんな陽性であれば隔離しなくていいからめんどくさくなかったのだが、妻以外は何の症状もなく、抗原検査キットを買ってきて調べても陰性であった。

通常わが家の家事は、洗濯全般とゴミ出し担当が私で、風呂掃除は子どもで、食器洗いは各自、買い物は妻と私が半々、食事の支度は妻という分担になっている。なので今後10日間私が料理をしなければならなくなって頭を抱えた。

私は苦手な家事ランキング第1位が食器洗いで、2位が料理なのである。

食べるのが自分だけなら問題ない。ツナ缶をそのまま食ってもいいし、冷奴もうまいし、菓子パン食ったっていいし、何なら食べなくたっていいわけで、実際ひとり暮らしのときはめんどくさいという理由で食事を抜くこともあった。

しかし今回はそうはいかない。

自分は食べなくても妻や子どもは何か食べるだろう。まさかツナ缶と冷奴ローテというわけにはいくまい。私は何が作れるのであろうか。

初日はカレーにした。

一気に8人前作り翌日もそれを食べた。

その次の日はハヤシライスだった。

で、4日目もカレーにしようとしたところ、いい加減にしろと抗議がきたのである。インド人は毎日カレーを食ってるとの陳述も無視され、仕方ないから肉を焼いた。肉を焼くのは簡単だが、副菜を作らないといけないから面倒だ。悩んでいると娘がスープを作ってくれた。

5日目はスパゲティで、6日目は回鍋肉《ホイコーロー》。

7日目に満を持してカレーにした。初日のことはもう忘れているだろうとの判断だ。そのへんからもう何を作ったか覚えていない。一番覚えているのは、息子からの「え、お父さん料理できんの？」ということであった。

「んなもん、楽勝だ。料理系ユーチューバーの道も考えてるぐらいだ」

タイトルは《宮田珠己のたどたどキッチン》。未来の料理人である私が、さまざまな料理に挑戦する企画だ。

壮大なスペクタクル巨編になることは間違いないが、「誰か見るかな？」と娘に聞いてみると、「最終的に料理がうまくなったら見る人いるかもね。ダイエット動画みたいにだんだん変化していけばね」って、それは誰も見ないと言ってるのに近い。

とりあえずGoProを買ってきた。何を撮るかは決めていない。

㊽話　オリジナルグッズの収支

何年ぶりかで沖縄に行ってシュノーケリングをした。慶良間《けらま》諸島の阿嘉島《あか》に連泊して海三昧。ずっと見たいと思っていたコブシメ（大型のイカ）も見ることができ大満足だったのである。コブシメは、シュノーケリングで見たい海の三大生きもののひとつであり、長年の夢が叶った形だ。

ちなみにあとふたつの生きものは、タツノオトシゴとタコブネで、タツノオトシゴは藻に絡まっていることが多いから、珊瑚礁で見るのは難しい。

タコブネに至っては、どこにいるのかもわからない。貝殻を持ったタコで、海中にプカプカ浮かんでいるそうなのだが、水族館でしか見たことがない。いずれ必ず制覇してみせるが、話はまず沖縄である。

沖縄に行ったのは、ゴールデンウィークに開催予定の磯マーケットフェスで流す映像を撮るためだった。ちょうどひと月前に買ったGoProで、海中映像を撮影した。今後GoProを使っていろんなものを撮りたいと思っていて、その第一弾でコブシメが撮れたのは好調な滑り出しである。

磯マーケットフェスとは、以前から磯好きを公言しているライターのワクサカソウヘイ氏が主催し、私もいっちょ嚙んでいる物販イベントである。いろんなアーティストが磯をテーマに何かを売るという実に曖昧模糊《もこ》としたフェスだったのだが、ガラス工芸作家の平野元気氏によるタコの脚を象《かたど》った耳栓ほか、彫金作家によるカブトガニのブローチや海の音が聞こえるテレフォンカード、イラストレーターで絵描きの木下ようすけ氏による調味料似顔絵とか、得体の知れないものが売りに出されて、なかなか盛況であった。

調味料似顔絵って何だそれ？

似顔絵にウニを持たせ磯感を出し、そこに本人からイメージされる調味料の名前を添えるのだという、何を言ってるのか意味不明で素晴らしい。

私もオリジナルグッズを作って参加した。

以前からちょくちょくイベントに出てはグッズを売ってきた。当初は生活費の足しにする目論見であったが、やってみると、そう簡単に儲けられないことがわかってきた。

マニアフェスタというマーケットに参加した際、トートバッグやTシャツ、手拭い、ノートなどを作ったのだが、製作費用すら回収できなかったのだ。その後、別のイベントに持ち込んだり、ネットで売ったりしてかろうじて収支トントンまでもってきたが、そこには私の人件費や納入にかかる宅配便の料金、現場への交通費などは含まれていない。総合的に考えると儲かったとはとても言えないわけである。

今回のフェスでは残っているグッズを売りたいが、テーマが磯であり、何でもいいというわけにはいかない。悩んだ末、新たなグッズを作ることにした。前回の教訓を踏まえ、作る以上はなるべく売れるものを作りたい。なんとしてもグッズ販売事業の黒字化を図るのだ。

フェス界隈では、Ｔシャツが一番儲かるという話をよく聞く。簡単に作れて原価の3倍ぐらいで売れると。だが、それを真に受けて前回変なカタチの海の生きものＴシャツを20枚作ったら、原価が１３００円かかり、それを２８００円で売ったところ、数年かかって15枚しか売れなかったのである。製作費は回収できたのでこれは成功というべきなのかもしれないが、ずいぶんな手間をかけて儲けは2万円程度だった。

ちなみに一番売れたのはトートバッグだ。60枚作って完売。原価１３００円を２０００円で売って、４万円ぐらいの利益が出た。

そんなこんなで約3年かけて何がどのぐらい売れたか整理してみる。上が製作数、下が現在の在庫、（）内が消化率である。

Tシャツ　20枚→5枚（75％）
トートバッグ　60枚→0枚（100％）
手拭い　60枚→23枚（61％）
ノート　47冊→8冊（82％）

トートバッグに次いでノートが売れている。だがノートはもうこりごりだ。原価が1冊当たり700円もかかったからだ。ノートにそんな金を払う人は少ない。800円で売ってみたが、そうなると利益は1冊あたり100円しかない。

手拭いも結構売れ残った。外国人が描いた日本の間違った絵をデザインした柄が少々不気味だったかもしれない。

データを見る限り今回もトートバッグがよさそうだが、もうあまり金をかけたくない。そこで、原価の安い手拭いを、新たなデザインでリベンジしてみようと考えた。これをまた60枚。前回の経費分まで回収するのが目標である。加えて今まで作ったことのない缶バッヂとステッカーも作った。原価が安いので、缶バッヂは12種類で合計300個、ステッカーは1

00枚用意した。

そうして準備万端で参加した磯マーケットフェス、2日間売りまくったが、最終的にさっぱり儲からなかった。思った通りである。

手拭いは新規デザインで臨んだのに11枚しか売れず、前回の不足分を回収するどころかマイナスが膨らんだ形だ。

缶バッヂはそこそこ売れたが、それでも消化率23%、ステッカーに至っては80枚以上余ってしまった。

もちろん引き続きネットやその他のイベントで売り続けるつもりだが、やっと前回の経費をトントンに戻したところでまた赤字転落。やればやるだけ赤字が増えるではないか、やっとれん。

と思ったら、ロトが1ヶ月ぶりに1000円当たっていた。焼け石に水とはこのことである。

私は今考えている。次にマーケットイベントに参加するときは、原価のかからないものを売ろう。それはいったい何だろう。

㊾話　数字の風を読め！

私のロト7は相変わらずさっぱり当たらないが、第472回の当選数字には驚いた。**05**、**07**、**08**、**32**、**33**、**34**、**36**

10台、20台がひとつもない。それだけでなく、これにボーナス数字ふたつ**04**と**06**を加えると、**04**から**08**、**32**から**34**に数字が固まっているのだ。こんなに偏った当たりはなかなかない。

実際1等を当てた人はいなかった。

ただ過去の当選数字の流れを見ると、こんな偏った数字の並びが出たのも必然という気がしなくもないのだ。

次ページの表を見てほしい。ここ10回分の当選番号を可視化してみた。横に37個の数字をとり、縦軸はここ10回の推移を表している。下にいくほど新しく、一番下の段が第472回である。●が当選数字で、◯はボーナス数字だ。一番下の段を見ると数字が1ケタ台と30台に固まっているのがわかる。

ここでさらに驚くのは、下から2段目第471回に出た数字**05**、**07**、**08**、**34**が、第472

回に連続して出ていることだ。数字がこの付近から動きたくないように見える。

そもそも全体を見ると、傾向として明らかに1ケタ台、30台の出現確率が高い。逆に10台、20台、とりわけ**17**から**24**間の数字の出なさったらない。表全体を見ると中央付近がスカスカしているので一目瞭然だ。中盤が薄いこの傾向はこのところずっと続いている。

それから、眺めていると数字の流れもなんとなく見えてくる。左上から右下に当選数字が斜めに流れているような気がしないだろうか。流れは4つか5つある。まず左下隅に**01**から回を追うごとに1ずつ増えていく流れがある。**04**まで来てボーナス数字に変わっているが、ちょっとずれて**05**が当たっている。次いで**03**から**11**にかけての流れ、それに**11**、**12**、**13**や、**14**、**15**、**16**と回ごとに1ずつ増えて斜線を形成する流れ、そのほか直線にはなっていないが、**24**から**36**に向けても右肩下がりの傾向がうかがえる。逆に左へ下がる傾向も一部に見られ、**19**から**05**、**06**、**07**あたりへ向かう線と**32**からも左へ下がる線がぼんやり浮かび上がっている。

一番熱い数字は**08**で、直近10回のうち6回も出ている。**07**や**13**も5回出ていてやや熱いが、**13**はだんだん下火になっているのがわかる。

こうして見てくると、今回は**04**から**08**周辺と30台に数字が集まる大きな流れがあらかじめ出来ていた気がしてならない。数字には風があるのだ。

17	18	19	20	21	22	23	24	25	26	27	28	29	30	31	32	33	34	35	36	37
		●					●						●							
●													●		●				●	
					○					●				●				●		
	○							●				●				○				
									●				●	○			○			
								●	○		○	●								●
						○					○		●			●				
										●					●		○		●	
○		●													○		●			
															●	●	●		●	

この傾向を踏まえたうえで、次の第４７３回を予想してみよう。

まず左右からの流れが収斂している今もっともホットなスポット**05**、**06**、**07**、**08**付近で、**05**、**06**を選択。**06**、**07**を選んでもよかったが、ここは賭けだ。さらに**24**から右下へ流れている線が次回で**37**に到達すると見る。それといまだ熱い30台からなんとなく**35**も入れる。30台が0個とか1個というのは現状では考えにくいからだ。**34**と迷ったが**35**を選んだのはこれも勘である。

問題は中央部で、**13**から**16**へ右下へ落ちていく大きな滝のような流れがあるので、これが**18**、**19**となって着地すると読んだ。そのどちらかが今後連続して出て滝の続きを形成する可能性も念頭に置いている。

これで6つ。あとひとつは流れとは関係なく唐突に

	01	02	03	04	05	06	07	08	09	10	11	12	13	14	15	16
463回			●			○	●			○			●			●
464回	○						●	●		○			●			
465回	●			●	●								●		○	
466回					●	●		●						●	●	
467回							●	●			●		●	●		
468回			●									●			●	●
469回	●					●		●					●			●
470回	○	●	●						●							●
471回			●		●		●	●			●					
472回				○	●	○	●	●								

出てくる数字もあるだろうから、いまだ薄い**20**から**24**あたりを避けたうえで、適当に**25**を選択。**26**でも**27**でもいいのだが、これも勘。以上の分析によって、第473回を、

05、**06**、**18**、**19**、**25**、**35**、**37**

と予想。2連数字がある、奇数が偶数より多い、1ケタ台の数字は3つ以上選ばない、前の回に出た数字がある、といったセオリーも全部満たす盤石の数列である。

結果は、

06、**11**、**21**、**24**、**28**、**33**、**37**

当たったのはふたつだけだった。残念。それでもホットスポットから**06**が出たことと、**24**から続く右下への流れが**37**に到達するという読みと、30台からふたつ出た点は当たっている。

最大の誤算は、しばらく出ないと読んだ20から24の間でふたつも出たことだ。さすがにこの流れからそれは予測できなかった。

あるいは今回がターニングポイントとなって、これから少しずつ中央部の空白が埋まっていく流れなのかもしれない。実際今回24が出たことで、新たに32から24にかけて左肩下がりの斜線も強く浮かび上がってきた。今後は20から24にも徐々に陽の光が当たることになりそうだ。

㊿話 進撃の散歩

いまだ続く新型コロナのパンデミック、なかなかすっきり収まらないが、当初より付き合い方の呼吸がわかってきて、自粛ムードもだいぶ緩くなった。たぶん治療薬が開発されるまではだいたいこんな感じで警戒しながらやっていくのではなかろうか。

取材旅行ができなくなり、旅行雑誌などの仕事も打ち切られて、連載が3つも消滅したのが2年前。一気に貧乏になったところへ子どもの大学受験が重なって、生活がピンチに陥った。経費節減のため仕事場のワンルームマンションを解約し、蔵書も大量に処分、メルカリで不要なものをいろいろ売ったりして、なんとかここまでやってきたのである。

このままロトも当たらずインボイス制度なんか始まった日にはこれはもう廃業かと頭を抱えていたところ、ここにきて仕事が一気に戻ってきた。

連載の打診が3つもきたのである。大変ありがたい。世間のほうもいつまでもコロナとか言ってても埒が明かんということか。

ただここで懸念されるのは、仕事がない状態に体が慣れてしまい、いざ書きまくろうと思ってもなかなかドライブがかからない問題だ。原稿の進みがとても遅い。

以前はもっとハイペースで書いていた気がするのだが、新型コロナの後遺症だろうか。罹《かか》ってないけど。

ところで、その新連載で打診されたテーマのひとつが散歩で、とてもうれしい。まさにそれを書きたいと思っていたところだった。

パンデミックの間、私がもっとも熱心に取り組んだ趣味と言えば散歩であった。旅行ができないために仕方なく始めたのだったが、気がつけばどんどんのめりこみ、今では自分が歩いた行程をログにとり、地図に落としてニマニマしながら眺めるのが日課になっている。

当初は自宅周辺をしらみ潰しに歩いていたが、そのうち物足りなくなり、ある駅まで歩いたら翌日はその駅をスタートしてさらに遠くへ出かけ、その翌日は前日の到達駅からもっと先へ進むという方法で日々勢力を伸ばしてきた。とても楽しいが、あまり行き過ぎると行き帰りの交通費がバカにならないのでほどほどにだ。

ただ、そうやって毎日地図を眺めていると、だんだん妙なことが気になってきた。

自宅周辺はさんざん歩き回ったので、線（歩いた行程）だらけでぐちゃぐちゃになっている一方、少し離れると線はまばらである。地図全体をぼんやり眺めると、これがわが家のまわりを固める防衛線のように見えてきたのだ。

『進撃の巨人』でいうなら、自分が歩いた線が壁であり、わが家周辺の線は王都を囲う一番内側のウォール・シーナにあたる。少し外側の線はウォール・ローゼということになろうか。

といっても同心円になっているわけではなくて、ぐちゃぐちゃに錯綜しているから、どれとどの線がウォール・シーナで、どこからがウォール・ローゼでとくっきり判別できるわけではない。しかも全部繋がっているわけでもなく、ウォール・ローゼはあちこち穴が開いている。一番外側のウォール・マリアに至ってはまだ姿もない。

そんなふうにイメージすると、おかしなもので壁が手薄なところが気になってきた。どうもわが家は南東と西側の守りが弱い気がする。逆に北東部は盤石の態勢である。

すぐにでも南東の守りを固めるべく散歩、否、壁の建設に向かわねばならないが、問題は西側である。交通機関がまばらなのだ。

バスを乗り継いでいけば行けるのかもしれないが、少し離れると山になってしまって道さえもあまりない。このままだと西から攻め込まれたら一気に王都近くまで踏み込まれる危険性がある。

何が攻めてくるのか知らんけれども、もしもということがあるので、早めの対策が必要だ。当面は電車とバスを乗り継げばなんとかなる北西側の壁建設を急ぎたい。

というような話を散歩連載で書いたらアホと思われそうだからやめておくけれども、本音を言えば今一番散歩で気になっているのはそのことなのであった。パンデミックのせいで趣味がみるみるショボくなっている気がしなくもない。

もうひとつの連載は国内旅行の連載で、経費も出してくれるというので喜んでいる。ロトさえ当たれば、経費なんか出してもらわなくても世界中のリゾート泊まり歩きとか、世界の水族館紀行とかなんでもやれるが、今はスポンサーなしでは不可能である。今一番やりたいのは、世界のマリンリゾート豪遊シュノーケル紀行なので、お金が余って仕方がない企業のご応募をお待ちしている。

当たり前だが、連載が3つ増えたからといっていきなり金持ちになるわけではない。生活的には依然ロトに当選する必要がある。

前回私は「今後は**20**から**24**にも徐々に陽の光が当たることになりそう」と書いたのだが、この読みが見事に当たり、その後**21**が1回、**22**が2回、**24**に至っては4週連続で出た。30台が必ず2つ以上出る傾向も継続中だし、なんとなくの流れはつかんでいるのである。

しかし、たとえば次も**24**が出るだろうと思ったら**25**だったり、そろそろ**10**が出ると思ったら**09**だったり、大枠は結構いい線いってるのに微妙にズレるため、予測すればするほどピタリと当てる難しさに頭を抱える。

参考までに今後の私の読みは、**20**から**24**の重心が少しずつ後ろにずれ、**25**から**29**が熱くなる。**08**から**11**あたりにホットスポットが出現する。あと**01**である。**01**はそろそろ出る。30台もまだまだ健在だろう。逆に**12**から**20**あたりは弱めと読む。

と、ここまで予測しても7つの数字に絞るのは難しい。いっそもう数字に狙いを定めないでクイックピック（コンピュータがランダムに選ぶ）で運を天に任せたほうがいいのではないかと思ったりする。

51話　グラフフェチの恍惚

ロト7が2週連続で2つずつ当たった。

ともに5等と6等だから金額的にはたいしたことないが、このところ自分の読みが冴えてきたように感じる。

前回、もうすぐ**01**が出ると予言したが、1ケタ台がさっぱり出なくなってきているのに、ポコッと**01**が出た。

さらに**08**から**11**にホットスポットが出現すると書いた途端に、**08**と**11**が2週連続で出、その後**10**が2週連続で出ている。20台前半から後半へとシフトしていくとの予想も当たり、**26**が出た翌週に**25**と**27**が出た。

ただ、**12**から**20**はしばらく薄めと読んだら、**13**が4週連続で出たのは想定外。やはり一筋縄ではいかないのだった。

そんな感じで5等6等がたまに当たり、最近元手をあまり減らさないで済んでいるのはいいことだが、それ以上が全然当たらない。もう9年もやっているのに、3等すら当たったことがない。

正直だるくなってきた。当初から宝くじやロトを買う奴はバカだと言われ続け、それは認めるが、夢を見ることで厳しい現実から目を背け、日々狂わずに生きてこれたのはロトのおかげと言える。だが、うっすら計算するとそろそろロトの収支はマイナス100万ぐらいになるのではあるまいか。あるいはそれ以上かもしれない。

虚しい。

ちょっと気力が萎えてきた。

虚しいことは他にもある。

突然息子が料理にハマったのである。これまで食器洗いすらしなかったのに、急にのめり込みはじめ、毎日昼も夜も料理を作ってくれるようになった。これまでに作ったのは、親子丼、キムチチャーハン、肉じゃが、生姜焼き、オムライス、アヒージョ、ビビンバ、スープカレー、鳥めしなどで、初心者なのでご飯ものが多いが、驚くべきは、どれもかなり旨いことだ。下味から工夫して時間をかけて作っていて、どうやら有名料理ブロガーのレシピを忠実に再現しているようだ。

いい話ではないか、それのどこが虚しいのか、と読者は思うであろう。私も息子の料理が上達して旨いものを食わせてくれることに何の異存もない。

ただ、それほど料理にハマる一方で、息子は旅行にはまったく食指を動かさない。旅行興味なしと断言するのである。それが父は寂しい。実は娘も同じで、前々から料理にハマっていていつも食べ物の話ばかりしている。そして娘も旅行はべつに行きたくないと言う。旅行するために会社を辞めた私の遺伝子を受け継ぎながら、ふたりともまったく興味なしとはいったいどういうことであろうか。

たしかにここ2、3年はコロナで旅行できない日々が続いた。テレビも旅行番組は激減し、料理関連番組ばかりになっている。なので仕方がないのかもしれない。が、寂しい。

もちろん子どもに自分の趣味を押し付けるほど私も野暮ではない。旅行より料理が好きならその道をゆけばよい。

懸念するのは、これは今の若者に共通する世代的な傾向ではないかということだ。

旅行といえば、趣味ランキングで1位2位を争うぐらいみんな好きだと思っていたのに、今やそうでもないのかもしれない。

もしそうなら旅行本を書いている身として、かなり寂しい。

さらに悪いことに、最近は円がみるみる安くなって海外旅行費用が膨れ上がり、自分自身にとっても踏んだり蹴ったりである。

私がバックパッカーだった頃は、仕事なんか辞めて東南アジアに移住すれば1日1000円もかからずに暮らせるなんて言われていた。それが日本経済の大停滞で、生活水準にたいした差がなくなってしまった。

先日『くそつまらない未来を変えられるかもしれない投資の話』(タバブックス)という本を読んだ。たまたま著者のヤマザキOKコンピュータ氏と知り合い、気のいい人だったので、きっと本も面白いだろうと読んでみたのだ。

そこには貯金は堅実な行為じゃないと書かれていた。まさしく今回の円安でその通りになったわけだ。財産はリスク分散のため半分ぐらいを海外資産にすべしとは、とうの昔から言われていたことで、経済に疎《うと》い人間が考えても理のあることだとわかる。

けれど自分は面倒くさいから何もしないでいた。わかっていたのに、なんとなく腰をあげずに傍観していた。

そこには、ロトが当たれば、そんなのはチャラという深層心理が働いていなかったとは言い切れない。まさにダメ人間の一発逆転思想である。負けが込んでくると、かえって掛け金を吊り上げ逆転を狙ってしまう典型的な最悪の思考法だ。

ロトなんか買うより海外の株だのドルだのを買っておいたほうが確実に儲かった。

実は今まで黙っていたが、コロナがまん延し始めた頃、国内だけど株を買ってみたのだった。昔は強く持っていた不労所得への嫌悪感もいつしか和らぎ、というか仕事に対する報酬単価が目減りする時代が長く続いたために、その分仕事せずに収入をもらわなければ割に合わないと考えるようになってきた。

そんなわけで意を決し、慎重にリスク分散しながら将来に備えて貯金しておいたなけなしの100万円を投資してみたところ、損したり得したりしながら、1年ほどで112万円になったのだった。ロトよりかなり割がいい。

そして思わぬ発見だったのは、チャートのグラフが面白かったことである。以前より公言しているが私はグラフフェチなのだ。上がったり下がったりするグラフを見ているだけで恍惚となってくる。線の意味が分かってくると、株を買う買わないにかかわらず、グラフそのものがエモい。ロトの数字予測手法も飽和してきた今、取り組むべきはこっちかもしれないと思ってきた。

㊾話 ――野垂れ死に上等？ の30年後

先日、仙台の古書店で、私の小説『アーサー・マンデヴィルの不合理な冒険』（大福書林）の装画を担当してくれた画家の網代幸介さんと対談した。網代さんの個展の開催に合わせて、私が呼ばれたのである。

イラストレーターではなく画家の方に装画をお願いしたのは初めてのことで、網代さんは私の小説を読んで、頼んでもいない絵巻まで描いてくれたのだった。読んでいるうちに妄想がほとばしり、これは絵巻を描かねばと思ったそうだから、物書き冥利に尽きるというものだ。

網代さんの絵でこの本をジャケ買いした人も少なくなく、おかげで私のことを知らない読者にも届くことになった。

さらに言うなら、こうして網代さんが個展をやるたびに私の本もいっしょに売ってもらえるので、一般の書店からだんだん消えても、網代さんの個展がある限りは世に並び続ける不死鳥というか残留思念のようなメリットがあったり、個展にやってきたけど網代さんの絵が高価で手が出なかった人が絵のかわりに私の本を買っていくこともあったりで、宮田の本など読む気はないが網代さんの絵は欲しいというニーズに応えるかたちで、私の力量以上に売れることが期待される。プロの画家に表紙の装画を描いてもらうと一粒で三度ぐらいおいしいことを知った。

それだけでも十分ありがたいが、さらにこのたび網代さんは新しい絵を描いてくれた。私の小説には登場していない生きものや、描かれていない場面を空想して描いた言わばスピンオフもので、自分の書いた小説から新しい世界が生まれるとは思わぬ喜びだ。これほどの感動があるだろうか。

対談では、網代さんに聞きたいことを聞きまくった。

実は私と網代さんは偶然誕生日が同じで、ひょっとしたら性格も似ているのだろうか、ふたりとも30歳ぐらいで会社を辞めてフリーランスになっている。

網代さんはそれまで絵の勉強をしたことがなく、美大を出ているわけでもなく、それでも絵を描くことが好き過ぎて、思い切って会社を辞めたというから、なかなかのチャレンジャーである。

辞めるのと同時期に1年後のギャラリーを予約し、予約した以上は描かねばならないと背水の陣を敷いて描きまくったそうだ。

思えば私もとくに勝算もないのに会社を辞めたので、人間だいたい30歳ぐらいでちょっと狂うのかもしれない。

網代さんの絵の描き方は変わっていて、下絵もないまま隅っこから描いていくそうだ。習字でも、最初書き始めるときは字がでかいんだけど、書いてるうちにだんだんスペースがなくなって尻すぼみになることがよくあるが、その危険を顧みず、隅っこから思いつくままに描いていく。

最終形もはっきりわからず、描いているうちに、あれを入れようこれを入れようと流れに任せるらしい。すごい技術である。

面白かったのは、絵具を数種類しか使わないという話で、赤、青、黄色、緑、白、黒、茶色とかその程度の色だけで、それを混ぜながら描いていく。

もっと微妙な色を使わないのかと聞くと、早く描きたいので、絵具を何色もパレットに出す時間が惜しいとのこと。

描くのめっちゃ好き、ってことだ。

今では画風が確立されているが、そこにたどりつくまでは試行錯誤があった。

はじめは、会社を辞めて収入の不安があるし、求められる絵はどんなものか探りながら描いていた。そうしないと仕事が来なくなってしまうという恐怖は、フリーランスなら誰もが共感できるところだろう。

だが、それによって自分が追い詰められ、何を描けばいいのかわからなくなっていくのもクリエイターあるあるだ。そうしてあるときついに網代さんは決意したのだ。もっと好きに描こうと。

クライアントの顔色なんて窺いたくないし、世のトレンドなど気にしたくない。売れるかどうかなんて知ったことか。人生は一か八かだ。野垂れ死に上等！　と叫んだとか叫ばなかったとか。

そうして自分の描きたい絵を描き、今や飛ぶ鳥を落とす勢いの画家にのしあがったわけである。

私も31歳で会社を辞めたときは、網代さんと同じようにそのうち飛ぶ鳥を落とす目論見で、だめなら野垂れ死んでもいいと思った気がする。

このままやりたくもない会社員を続けるぐらいなら死んだほうがまし。

野垂れ死に上等！　かかってこいや！

人は野垂れ死にと引き換えに天職を見つけるのだ。

将来どうなるかわからない。だが、どうなるにしてもずっと先のことだ。たぶんなんとかなるだろう。もしくはそれまでに未来の自分が何とかするだろう。

そうやってフリーになって30年近くがたち、その未来がいよいよやってこようとしている。

私のほうは、とくに飛ぶ鳥が落ちてこないのが気になるが、約30年が過ぎた今の気持ちは、こうだ。

野垂れ死に上等？　私そんなこと言いましたかいな？

何？　かかってこいや？　私が？　そんな荒くれ者のようなセリフを？

あー、たぶんそれは何と言いますか、言葉のあやといいますか。売り言葉に買い言葉といいますか。本当の気持ちはもっとずっと謙虚でした。はい、もう、それはものすごく。

絵でも小説でも音楽でも演劇でも、そうやって成功を夢見たけれど叶わず、実際に野垂れ死んでしまった人もいるだろう。

だから野垂れ死なないよう私が買っているのがロト7であり、今回、6枚買ったうちの3枚が当たったところである。5等6等6等で、合計3200円。すごい勝率だ。けど賞金はしょぼい。

そろそろ2億円当たりますように。

㊿話　さらばロト7

平成25年（２０１３年）に始まったロト7は、もうすぐ10年、第５００回を迎えようとしている。

ロト7がスタートする前から、ロト6をときどき買っていたが、ロト7の開始を機に本気で狙うことにして、毎回最低３枚、多いときは10枚ぐらい買ったりしながら、今まで続けてきた。

仮に平均５枚として、合計75万円ぐらい費やした計算になる。たまに小さく当たったりしているが、それを差し引いても50万円以上、いやたぶん60～70万円は確実に浪費してきた。どの時期からか忘れたが、買う数字を固定するなどして、徐々に外堀を埋めてきたつもりである。さらに数字の流れを読むようにして、今まで最高は４等で１万９０００円当たった（と本人は記憶しているが、この金額は別のくじで当たったのかもしれない。きちんと記録をつけていないので曖昧）。

そして今、もうすぐ５００回の節目を迎えるにあたり、今現在の正直な気持ちを言うなら、こうである。

これ、ほんとに当たるんかいな。

ネットを見ていると、キャリーオーバーが出たときだけクイックピックで5枚買う方法で、見事10億当てた人がいた。その人が言うには、こんなものは読みもコツも一切ない。西の方角で買うとか黄色いものを置くとか何も考えなかった。ただひたすらこつこつ買っただけだと。

そうなのである。このグダグダの連載もいろいろと数字を予測して手を尽くしてきたが、もうこれ以上読みを深めることはできそうにない。

というか、もともとそんなものはないのだ。身も蓋もないことを言うようだが、ひたすら買い続けるしかないのである。

読みを深めるという意味では、前々回、株を買ったことを少し書いたが、そっちのほうが発展の可能性があるだろう。あれは多くの人がセミナーを開いて他人に方法を教えたりしているから、ちゃんとコツや秘策があるはず。ロトに費やした資金をそっちにつぎ込んでいればと、今さらながら思わなくもない。

貧乏とか言いながら株買ってるだなんて、話違うじゃないですか、という声があったが、勘違いしてもらっては困る。こっちは真剣なのだ。ロトで遊んでるわけではなく、将来の生活資金をなんとかしなければいけない切実な状況なのである。将来に備えて貯めていた預金の100万を、少しでも増やせないか試行錯誤しているのである。株は金持ちだけでなく、切羽詰まった人もやるのだ。

しかしそっちはちゃんとした知識なしに調子に乗ってると痛い目に遭いそうなので、現段階では深く踏み込めないままでいる（去年1年で12万円増えたものの、今年になって1万5000円減った）。

また、世間ではずっと前から、宝くじ買ってる奴はアホだ、という定説があるが、それには賛同する。

ロトや宝くじの期待値は、競馬やパチンコよりも低い。正直当たると思えない。思えないけど、競馬やパチンコと違うのは、一度億当たれば後は続けなくてもいい点だ。競馬やパチンコのように勝っても数十万、数百万程度では、死ぬまでの生活費全般を賄えない。安定した生活を望むなら、ほとんどプロになって勝ち続けないといけない。それに対して、ロトは一度当たればすべて解決。気力も体力も知恵もいらないから面倒くさくもない。当たるかもしれない可能性を担保することで、金欠の苦しみから目をそらして生きられるのもいい。そんなことが可能なのはロトだけなのである。逆にこれをやめてしまうと老後のお金の不安に押しつぶされるかもしれない。

ただ、それなら1枚だけ買っていればいいのでは？　という内なる声もある。当たる可能性は減るが、もともと0に等しいのだし、可能性さえ担保されれば役目は全うされるのではあるまいか、そんなことを最近考えはじめている。

しかし！

考えてみると、自分に老後があるとも限らないのであった。父は還暦になる前に死んだ。その父の死んだ年齢まで私もあと1年に迫っている。老後の心配をできる身ではない可能性もある。

先日、新聞広告で『71歳、年金月5万円、あるもので工夫する楽しい節約生活』（紫苑著／大和書房）という本が出ているのを知った。月5万円？　中古の家を買ったとあるので、5万円に家賃は含まれていないが、それでも相当な節約生活である。時代はここまで来ているらしい。

以前、『年収90万円でハッピーライフ』（大原扁理著／ちくま文庫）が出たときも驚いたが、90万円のなかには家賃も含まれていたから、だいたい同じような生活感覚だろう。あのときはすごい節約生活している人がいるんだなと驚いたが、今後はそれがわりと普通のことになっていくのかもしれない。と思ったら、まさに同じ大原扁理さんが『フツーに方丈記』（百万年書房）という本を最近出していた。いよいよ日本は方丈記時代に突入していくようだ。まったくどうしてこんなことになったのか。

さて、ここまで「私がロト7に当たるまで」と題し、コロナ下におけるロト攻略生活をめぐってあれこれ書いてきたが、いよいよ書くことがなくなってきた。ちっとも当たらないから変化がない。数字を読むのもやり尽くした。日本がますます貧しくなっていく時代に、ロトの当て方を伝授できれば大ベストセラーになるのではないかと期待したが、当たらないんじゃどうにもならない。連載タイトルに従うなら当たるまで続けるべきなのだろうが、もう誰も読んでいない気がするので、このへんで連載を終わろうと思う。タイトルを裏切る形になって申し訳ありません。

ただ3、4年後には『生活費を稼ぐだけでいっぱいいっぱいだった私が、3年で悠々自適生活を手に入れた秘密を大公開』という配信やってる可能性が必ずしもないとは言い切れないので、そのときまでみなさん、ごきげんようさようなら。

あとがき

いったいこの連載は何だったのか。

ロト7を攻略したい一心ではじめたエッセイだったが、どちらかというと金欠生活、しかもコロナ禍で予想以上に生活が厳しくなった日々の記録といった日常雑記のような内容になった。

未曽有のパンデミック下における日常生活を綴ったエッセイは多いが、そんななかでも異色の、というか、得体のしれない本になった気がする。

連載時のタイトル「私がロト7に当たるまで」を単行本化にあたって変更したのは、大当たりするまでの経緯が書いてあると勘違いされ、読み終えた読者に虚偽広告だと訴えられないよう配慮したためで、連載開始時の目論見としては、本当に高額当選して、タイトル通りの展開になるのを期待していたのであったが、今のところそうはなっていないのだった。

『明日ロト7が私を救う』というタイトルは、いずれそうなるに違いないというか、そうなってもらわないと困るというか、働けど働けどわが暮らし楽にならないんだから、そうならないと老後の安息は見込めないという意味で、呪文のようなものである。

なので連載は終わったけれども、私のロト7生活は細々と続いている。

当初は毎週5枚買っていたのが、今は節約して3枚に減らし、キャリーオーバーのときでも買い足すのは2枚までにして、ショボいレベルで継続中だ。

そしてその後も順調に5等と末等以外当たっていない。

買い足す際は、これまでのように数字を予測して買うのは無駄なあがきのような気がしてやめ、すべてクイックピックに任せるようになったが、なんとなく、その後当たりが少なくなったような気がするのは、もしかしてそれなりに読みが効いていたのだろうか。

いずれにせよ今後もまず億が当たることはないだろう。それでも買ってしまうのは、もし当たったら、と想像することで、現実の苦しみを一時的に忘れることができ、明日への気力が持続するからだ。

まさしく明日ロト7が私を救うと信じることによって、正気を保ったまま現実に立ち向かえるのである。

もっと言えば、ギャンブルにはまったら次々とお金をつぎ込んでしまうところを、毎週少額支払うことで未然に防いでいるサブスクのようなものと考えることもできる。節約術とも言えるのだ。

先日ネット動画で、あるインフルエンサーが、もしお金があったら幸せになれるのに、と考えている人は一生お金儲けできない、と言っていた。お金がない中でどうするか、と考えられる人が結果的にお金持ちになれるのだそうだ。

つまり自分で稼ごうという意志のない人が、お金持ちになるはずがないというわけだ。

だろうな。

なので、稼ぐほうは稼ぐほうでしっかりがんばりつつも、今後も老後の不安への処方箋かつギャンブルにはまるのを防ぐ節約用サブスクとして細々と続けていく所存だ。

それにしても最近の日本、無理ゲー過ぎやしないか。

宮田珠己

二〇二三年四月

初出　「本の雑誌」２０１８年８月号〜２０２２年12月号

明日ロト7が私を救う

二〇二三年七月三十日　初版第一刷発行

著　者　宮田珠己
編　集　杉江由次
発行人　浜本茂
発行所　株式会社本の雑誌社
印刷　モリモト印刷株式会社
〒101-0051
東京都千代田区神田神保町1-37　友田三和ビル
電話　03（3295）1071
振替　00150-3-50378

定価はカバーに表示してあります
ISBN978-4-86011-480-0 C0095